Sound Sound 뉴스레터
https://fanding.kr/@soundsound/introduce

뉴스레터를 4년째 발행 중이며 누적 유료 독자가 3,000명이 넘는다. 필자가 평소에 읽는 책, 공부하는 내용, 일상의 생각을 담은 에세이를 발행하며 리텐션(재구매율)이 4년 내내 80%를 넘을 정도로 애독자가 많다.

Sound Sound 아카데미

https://fanding.kr/@soundmindclass/introduce

'학교에서는 배울 수 없지만 인생에 반드시 필요한 교육'을 담은 다양한 온라인 프로그램을 제공한다.

Sound Sound 유튜브
https://www.youtube.com/channel/UCpnsi-6x40qnshCy5hnFC5Q

건강한 관계와 발전된 삶을 살기 위한 교육적인 메시지를 전하면서 15만 명에 가까운 구독자들의 선택을 받았다. 매우 직설적인 편이며 핵심적인 메시지를 애청자들에게 전하고 있다.

Sound Sound 공식 카카오톡 채널
http://pf.kakao.com/_txgGXG

<사운드 사운드>가 운영하는 교육 프로그램을 한 눈에 볼 수 있는 채널이다.

사랑을 말할 때 우리가 놓치는 것들
온전한 사랑의 이해

사랑을 말할 때 우리가 놓치는 것들
온전한 사랑의 이해

다니엘 지음

Prologue

 사회심리학자 에리히 프롬Erich Fromm이 집필한 『사랑의 기술The Art of Loving』이 세상 밖으로 나온 지 70여 년이 지났다. 인류의 영원한 동반자이자 과제인 '사랑'에 대해 다룬 명서로 여전히 많은 독자의 사랑을 받고 있다.

 허나 책이 유명한 것과는 별개로 평가는 극과 극으로 갈린다. 누군가는 사랑의 능력을 키울 수 있는 최고의 자기계발서라고 하고, 다른 이들은 저자가 무슨 말을 전하고자 하는지 도저히 알 수 없는 최악의 현학서라고 말한다. 양측의 의견을 모두 존중하고 이해도 하지만, 『사랑의 기술』이 최악의 현학서라고 말하는 사람들의 의견까지는 '사랑'할 수는 없을 것 같다.

 『사랑의 기술』의 내용이 최악이라 말하는 독자는 애초에 저자의 의도와는 다른 내용을 기대했을 가능성이 높다. 이를테면 '남자들이 좋아하는 플러팅 기술 n가지', '나에게 관심 없는 사람이 나를 좋아하게 만드는 방법', '잘난 그 남자를 내 방식대로 길들이는 방법' 등 양산형 연애 유튜브 콘텐츠에서 자주 등장하는 주제말이다. 이쯤에서 우리는 『사랑의 기술』의 저자, 에리히 프롬의 의도를 명확히 이해할 필요가 있다.

왜 책의 제목이 『사랑의 기술』일까? 원제는 『Art of Loving』이며 이를 직역한 제목은 '사랑의 예술'이 되어야 더 옳다. 하지만 내용까지 감안하고 번역을 하자면 '사랑의 기술'이라는 번역이 훨씬 더 알맞다. 『Art of Loving』이라는 원서 제목을 조금 더 깊이 단어별로 쪼개서 살펴보자.

예술 혹은 예술 작품을 뜻하는 단어인 'Art'는 라틴어인 'Ars'와 'Techne'가 결합된 단어이다. Ars는 '숙련된 기술과 솜씨'를 뜻하며 Techne는 '아름다운 것을 생산하기 위한 기술적 활동'을 의미한다. 즉 'Ars'와 'Techne'가 합쳐진 Art는 '아름다운 것을 만들어 내기 위한 숙련된 기술'을 뜻한다.

『Art of Loving』에서 'Art'를 알아봤으니 'Loving'도 살펴보자. 왜 보통명사인 Love를 사용하지 않고, 'Loving'이라는 현재진행형 표현을 사용했을까? 사랑이라는 아름다운 예술 작품을 만들기 위해 필요한 핵심 요소는 당사자 간의 '능동적인 행동'이기 때문이다. 모든 단어를 조합해서 『사랑의 기술』의 내용을 일축하자면, 사랑을 하기 위해 매 순간 행해야 할 기술을 가르쳐주는 입문 교육서다. 연인 혹은 부부 모두 해당 저서에서 말하는 기술들을 끊임없이 연마하며 실천하다 보면 '사랑'이라는 아름다운 예술 작품을 만들 수 있다는 가르침이다.

쉽게 말해 『사랑의 기술』은 사랑을 하기 위해 반드시 훈련해야 할 '기본기'에 대해 논하는 책이다(기본적인 기술을 계속 훈련하다 보면 예술 작품이 탄생하기에 어원상 '예술'과 '기술'을 같이 쓴다). 축구, 복싱 같은 스포츠를 예로 든다면 기본기는 호흡하는 방법, 몸의 균형을 잡는 법 등이 포함된다.

사랑도 마찬가지다. 누군가와 관계를 맺고 깊은 사랑을 하기 위한 정신적인 기본기와 근력이 단련되어 있지 않으면, 꿈속의 공주님이나 백마 탄 왕자님을 만나도 관계를 절대 지속할 수 없다. 사회적 능력이나 외모가 아무리 뛰어나더라도 소용없을 것이다. 그래서 에리히 프롬의 『사랑의 기술』은 기본기와 본질을 잃어버리고 단기적인 유혹술과 겉치레에만 열정을 쏟는 현대인들에게 특히 귀감이 되는 명서라고 할 수 있다.

에리히 프롬과 먼 친척 정도는 되는 것처럼 그를 옹호한다고 생각할 수 있는데 의도적으로 옹호하는 게 맞다. 그 이유는 이 책 또한 에리히 프롬의 『사랑의 기술』과 같은 의도를 갖고 집필한 책이기 때문이다.

사랑과 연애, 결혼에 대한 관심은 최근 낮은 혼인율과 출산율이 무색할 정도로 여전하다. 어떤 유튜브 채널이든 '사랑', '연애'를 키워드로 하는 순간 2~3배에 달하는 클릭률과 조회수를 얻을 수 있다는 사실이 흥미롭다. 인간은 관계를 맺고, 사랑을 하기 위해 태어난 사회적 동물이라는 사실이 체감된다.

하지만 인간이 사랑에 관심 있고 좋아한다고 그것에 능숙하다는 뜻은 아니다. 많은 사람이 사랑하고 싶어 하지만, 사랑에 어려움을 겪는다. 수많은 20, 30대가 사랑을 하고 싶어하지만 심리적, 외부적 장벽으로 인해 하지 못한다.

원인이야 다양하겠지만, 가장 본질적인 원인은 '지식의

부족'이라고 생각한다. 지식을 습득한다는 행위는 대상 혹은 현상에 대해 이해할 수 있는 좋은 도구를 얻는다는 것과 같다. 많은 현대인이 사랑의 원리와 사람에 대한 지식이 없어 관계의 역동에 대해 이해하지 못하고 있다.

르네상스 시대의 의사 파라켈수스 Paracelsus가 말한 것처럼 아무것도 모르는 자는 아무것도 사랑하지 못한다. 이해의 부재는 인간으로서 아무것도 할 수 없음을 의미한다. 사랑을 하기 위한 선행 지식이 없으면 우리가 원하는 깊고 따뜻한 사랑을 절대 할 수 없다.

사랑을 좋은 조건만 갖추면 얻을 수 있는 일차원적 쾌락처럼 말하거나, 사탕발림과 같은 위안만을 전하는 책은 너무나 많지만 사랑의 진실된 모습과 불변의 진리를 담은 책은 흔하지 않다. 그래서 관계 전문 코치로서 사랑에 진정 도움이 되는 기본적이고 본질적인 지식을 전하기 위해 이 책을 집필했다. 감사하게도 많은 이들에게 관심과 사랑을 받아 2020년부터 관계에 어려움을 겪는 1000명 이상의 사람을 직접 코칭해왔다. 인간이라면 모두에게 보편적으로 적용될 수 있는 '사랑의 기본기'의 필요성에 대해 수년간 축적하며 정리했다.

그렇다고 지극히 주관적인 견해나 생각에 치우치지 않고 위대한 학자들의 연구 성과와 불변의 가르침을 남긴 사상가, 선현들의 의견을 백분 활용하여 총체적으로 엮었다. 내가 가진 경험과 지식들은 그들에게 빚지고 있는 셈이다. 물론 필자가 심리학 관련 학위가 있는 유명 학자는 아니지만 4년 넘게 다양한 플랫폼에서 심리학, 인문, 교양 뉴스레터와 영상 콘텐츠를 발행하며 수십만 명이 넘는 구독자의 선택을 받고 그들과 수많은 이야기를 나누었다. 그 긴 여정을 한 권의 책에 담아보려 한다.

이 책의 차별점

사랑, 관계, 남녀 심리와 관련된 석학의 연구들과 명서들을 독파하다 보면 우리가 사랑에 대해 본능적으로 터득한 경험과 직관적으로 얻은 지식들이 전혀 사실이 아님을 알 수 있다. 사실이 아닌 것을 넘어 우리의 직관과 본능이 '진짜 사랑을 하는 과정'에 방해가 된다. 매력적으로 느껴지는 그 혹은 그녀에게 느끼는 떨림과 설레는 감정은 '사랑'이 아니며 도리어 '사랑하는 것'에 방해가 된다는 사실을 아는 사람이 얼마나 될까? 인간의 철없는 동물적 본능은 단순한 설렘을 사랑으로 착각하게 만들어

불필요한 만남과 이별을 오가게 인도한다.

이 책은 사랑을 주제로 한 다른 저서들과 비교했을 때 크게 네 가지 차별점이 있다. 첫째, 사랑을 주제로 출간되는 여러 책은 어떻게 하면 '사랑을 받을 수 있는지'에 초점이 맞춰져 있다. 하지만 이 책은 '어떻게 하면 사랑을 잘 줄 수 있는지', 더 나아가 관계 당사자가 '어떻게 사랑을 잘 해내는지'에 대해 다룬다.

애석하게도 연애, 사랑을 다루겠다는 여러 콘텐츠가 관계 당사자들의 상호 작용을 다루지는 않고 관계에서 갑이 되어 어떻게 효과적으로 상대를 휘두를 수 있는지만 다룬다. 권력관계에서 우위를 점하는 건 사랑이 아니라 단순한 처세술이다. 권력을 잡는 법을 배우고 싶다면 역사상 유명했던 독재자들의 처세를 살펴보는 게 더 빠르다. 대중에게 깊이 스며들어 회자되는 말 중에 '여자는 사랑을 받아야 행복하다'라는 말이 있다. 하지만 그 명제는 절대 사실이 아니다. 여자, 남자 그리고 모든 사람은 상대에게 능동적으로 사랑을 줄 때 깊은 행복감을 느낀다.

어느 날 침대에 누워 SNS를 둘러보다가 남편에게 매일

정성스러운 도시락을 싸주는 여성이 올린 포스트에 달린 댓글을 본 적이 있다. 내용은 이렇다.

> 남자한테 그렇게 헌신하지 마세요. 잘난 여자들은 나 공주 대접 받으면서 삽니다. 더 멋있게 살면서 진짜 나를 찾길 바랍니다.

댓글의 의도를 살펴보자. 타인을 위해 헌신하는 삶을 살면 '나'를 잃기 때문에 헌신과 사랑을 받으며 '나'를 찾으라는 뜻이다. 슬프게도 작성자는 악플러인 동시에 무지하다. 자기 정체성 확립의 메커니즘을 정확히 반대로 이해하고 있기 때문이다.

한 사람의 정체성은 누군가에게 얼마나 많은 사랑과 헌신을 받는가로 정해지지 않는다. 능동적인 태도로 헌신하고 사랑을 주는 대상이 있는가로 '나'는 정의된다. 인간은 외부 세계와 타인과의 능동적 얽힘을 통해서 정의될 수 있다. 나의 능동적인 행동이 포함된 타인과의 관계를 통해서만 변화하고 재정의 될 수 있기 때문이다. 다른 말로 누군가에게 이타적이지 않는 인간은 어떤 정체성도 가지지 못한 인간이다. '나'가 없는 것이다.

정신분석학자 알프레드 아들러$^{Alfred\ Adler}$는 누군가의 사랑만을 바라지만, 정작 타인에게 사랑을 줄 능력이 없는 인간을 응석둥이라 칭했으며 기생충 같은 존재라고 말하며 강하게 비판했다.

그래서 나는 이 책을 통해 타인에게 사랑을 받는 대상이 되는 법이 아닌, 누군가에게 사랑을 주는 사람이 되는 법에 대해 전하려고 한다. 이를 배움으로써 당신은 더 선명한 자기 정체성을 확립할 수 있으며, 타인과 자신을 둘러싼 커뮤니티에 긍정적으로 기여할 수 있는 능력을 키울 수 있다.

둘째, 이 책은 시간이 지나도 변하지 않는 지식과 지혜에 대해 다룬다. 많은 사람이 '세상이 너무 빠르게 변한다'며 급변의 시대라고 말한다. 하지만 원래 인간 세상은 잘 변하지 않는다. 지금 같이 빠른 기술적 변화가 메인스트림이 된 계기는 불과 100년 전의 근대 과학 기술의 발명 덕분이다. 많은 부모를 코칭하면서 제일 많이 받았던 질문이 있다.

"급변하는 세상 속에서 우리 아이가 살아남으려면 어떤 준

비를 해주어야 할까요?"

그때마다 변화하는 대상은 우리가 예측할 수 없으니 변하지 않는 존재를 가르치라고 조언한다. 고대 그리스의 철학, 예술, 읽고 쓰고 말하는 법, 과학적 진리, 인간의 본성 같은 것 말이다.

특히 진화 심리학 이론에 따르면 인간의 본성은 조금도 변하지 않았다. 과학 기술과 사회의 형태는 괄목하게 진보했지만, 인간의 본성은 그대로다. 고대 그리스의 철학과 셰익스피어의 문학에 지금도 공감할 수 있는 게 증거이다.

인류는 2500년 전에도, 100년 전에도 사랑 때문에 힘겨워했다. 이유는 동일하다. 본능적인 욕구와 결핍에 휘둘려 이성적인 선택을 하지 못한 탓이다. 가령 남녀가 서로 성적 매력을 느껴 교제를 갓 시작했을 때는 어떤 의식적인 노력이나 의지 없이도 사이좋게 지낼 수 있다.

사랑에 빠진 지 얼마 되지 않은 남녀의 몸에서는 도파민과 페닐에틸아민이 강하게 분비되며 상대가 무슨 말과 행동을 하든 좋게 보인다. 이 시기를 일명 '콩깍지가 씐 상태'라고 하며, 어떤 노력을 들이지 않아도 상대의 모든 부분이 좋게 보여서 잘 지낼 수 있다.

하지만 그런 마법도 잠시, 시간이 흐르면 처음의 설렘이 사라지고 지루한 일상의 반복을 직면해야 하는 시기가 온다. 장점이라 보였던 그와 그녀의 매력들이 단점으로 다가온다. 즉 이때부터는 본능의 마법이 효력을 발휘하지 않기에 서로 의식적으로 노력해야 잘 지낼 수 있다. '진짜 사랑을 해야 하는' 시간, 기술이 필요한 때가 온 것이다.

안타깝게도 이 시기에 90%의 커플이 이별을 선택한다. 아무리 이상형인 대상을 만나도 본능의 영역인 설렘은 희미해지기 마련이다. 인간의 연약한 본능을 전혀 이해하지 못하는 이들은 설레지 않으면 더 이상 사랑하지 않는다고 착각해 다시 이별을 택한다.

그래서 책의 전반부에서는 사람이 스스로의 동물적 본능을 이해하지 못해 얼마나 어리석은 행동을 하는지 다루면서 '동물로서의 나'를 이해할 수 있도록 도울 것이다. 책의 후반부에서는 이제까지 어리석음을 뒤로 하고 '인간으로서' 진짜 사랑할 수 있는 불변의 인간적 기술들을 다룬다.

셋째, 이 책에 담은 지식과 지혜들을 전하는 방식은 따뜻한 권유가 아니라 원칙에 가깝다. 즉 '사랑을 잘하고 싶나요? 한번 참고해 보세요!'가 아니라 사랑을 잘하고 싶으면 무조건 따르고 체화하라는 의미이다. 알랭 드 보통 Alain de Botton이 『무신론자를 위한 종교 Religion for Atheists』에서 말했듯이 평범한 직업 교육은 일반적인 형식의 강의를 통해서 전달될 수 있지만, 보편적 진리에 대한 교육은 '설교'를 통해서 효과적으로 전달되는 법이다. 이 책에 다룬 모든 내용은 모든 인간에게 적용되는 불변의 진리이니 겸허한 마음으로 오랜 역사 속의 선현, 사상가, 자연이 전하는 섭리 앞에서 순종해야 할 것이다.

끝으로 감사한 마음을 전하고 싶은 사람들이 있다. 가족과 친구들은 너무 뻔하니 가장 먼저 초판 완성본을 선물하는 것으로 인사를 대신하도록 하고, 모든 고통을 선물해준 신에게 감사한다. 사실 오랜 기간 당신을 탓하고 저주했다. 하지만 이제는 신과 화해했다. 어쩌면 나 스스로와 화해했을지도 모른다.

그리고 그 고통을 의미로 바꿀 수 있는 희망을 선사하고 부족한 나를 오랜 기간 존경하며 따라와 준 열렬한 팬이자, 동료이자, 서로의 제자이면서 스승인 사운드 사운드 공식 멤버십 커뮤니티의 멤버들(최영락, 박정범, 신채호, 박영채, 박시온, 박수진, 감상훈, 윤정일 外 수천 명의 귀한 분)에게 감사를 전한다.

이 책을 통해 개인적으로는 부족한 나를 용서하는 계기가 됐으면 한다. 가장 훌륭한 활용법이 있다면 오래도록 함께 하고 싶은 사람에게 이 책을 선물하는 것이다. 진심 어린 편지와 함께라면 더 좋다.

차례

Prologue

1부 사랑에 대한 불편한 진실
Falling in love

1장 사랑이라고 착각하지만 사실은 사랑이 아닌 것들

피그말리온 이야기와 로맨스에 숨겨진 의미 · 28 ｜ 99%가 사랑이라 생각하지만 사랑이 아닌 네 가지 증상 · 33

[참고하면 좋을 다니엘의 영상 콘텐츠]
연인들의 절반 이상은 이렇게 헤어집니다 · 37

2장 사랑에 빠졌을 때 일어나는 첫 번째 일, 투사와 추상화

사랑에 빠지면 우리는 가장 먼저 투사부터 한다 · 44 | 모든 인간관계를 파멸로 이끄는 제1원인 · 47 | 사람이 아니라 조각상을 사랑하는 피그말리오니즘 · 52 | 상대를 이상화한다는 것의 맹점 · 56 | 장미는 항상 피어있는 게 아니라 피었다가 지는 존재이다 · 58 | 사랑의 르네상스는 언제 오는가 · 60

[참고하면 좋을 다니엘의 영상 콘텐츠]
연인을 떠나게 하는 사람들의 공통적인 특징 · 65

3장 사랑에 빠졌을 때 일어나는 두 번째 일, 침습

일상을 무너지게 하는 사랑은 사랑이 아니다 · 71 | 사귀고 나서 '변했다'라는 말을 빨리하게 될수록 좋은 이유 · 75

[참고하면 좋을 다니엘의 영상 콘텐츠]
겉으로는 좋은 사람 같지만 속은 위험한 사람 · 79

4장 사랑에 빠졌을 때 일어나는 세 번째 일, 소유욕

유년기의 기억이 우리에게 미치는 영향 · 83 | 애착 유형이 사랑에 미치는 영향 · 87 | 사랑이라고 생각하기 쉽지만 사랑이 아닌 것들 · 89 | 명령하는 자와 복종하는 자 · 90 | 소유에 미친 현대인들 · 92 | 원주민이 도시인보다 행복하게 사는 이유 · 94 | '집에만 있는 잘생긴 남자가 좋아요'라고 말하는 여성들의 불편한 진실 · 96 | 시장 교환 시스템, 시장 관계 시스템 · 98 | 누구를 만나도 불행한 연애, 결혼 생활을 하는 사람들의 특징 · 99 | 누구를 만나도 행복한 연애, 결혼 생활을 하는 사람들의 특징 · 103 | 좋은 사람 같아 보이지만 사실은 가장 위험한 사람들의 특징 · 105 | 받고 주는 게 아니라, 주고받는 것 · 108

[참고하면 좋을 다니엘의 영상 콘텐츠]
사랑이라고 생각하기 쉽지만 사실은 사랑이 아닌 것들 · 111

5장 사랑에 빠졌을 때 일어나는 네 번째 일, 동일화

연인들이 이별을 택하는 의외의 원인 · 116 | 육아의 목적, 관계의 목적 · 118

[참고하면 좋을 다니엘의 영상 콘텐츠]
결혼 후 더 빛나는 사람들의 특징 · 123

2부 사랑을 하는 법
Being in Love

6장 좋은 연애 상대와 좋은 부모되기

파란색 약과 빨간색 약 · 128 ｜ 파란색 사랑과 빨간색 사랑 · 129 ｜ 하트는 빨갛게 칠한다 · 132

7장 그릇된 투사와 이상화에 대한 빨간약

사랑의 르네상스 · 136 ｜ 내게 사랑이 뭐냐고 물어본다면 · 140 ｜ 올바른 '이상형' 설정법 · 145 ｜ 다툼 없이 연인 사이를 지속하는 가장 효과적인 방법 · 148

[참고하면 좋을 다니엘의 영상 콘텐츠]
남녀의 99%는 진짜 사랑할 때 이런 행동을 합니다 · 153
연인들의 99%는 '이것' 때문에 헤어집니다 · 153

8장 침습하는 생각에 대한 빨간약

백마 탄 왕자, 꿈속의 그녀 · 156 | 작은 나와 커다란 나 · 158 | 그저 그런대로 괜찮은 것도 괜찮아 · 161 | 단순한 권태기와 이별을 결정하는 단 하나의 차이점 · 164 | 고독력 기르기 · 171

[참고하면 좋을 다니엘의 영상 콘텐츠]
권태기와 사랑이 식었을 때의 결정적인 차이점 · 175
여성의 가치를 결정하는 가장 중요한 기준 · 175

9장 잘못된 소유욕에 대한 빨간약

흐르는 물을 잡을 수 있는가 · 178 | 여성이 남성의 인간관계보다 취약한 이유 · 181 | 너무 받는 사랑은 사랑이 아니었음을 · 183 | 스스로와 관계를 구원하는 유일한 길 · 187 | 엔진 설계도를 버려라 · 190 | 파란색이 파란색으로 보이는 이유 · 192

[참고하면 좋을 다니엘의 영상 콘텐츠]
매력적인 사람과 주식 잘하는 사람의 뜻밖의 공통점 · 195
2주 만에 자존감과 삶의 만족도를 최대로 높이는 방법 · 195

10장 어리석은 결합욕에 대한 빨간약

좋은 부모, 좋은 사람 · 198 | 개성화 과제 1 일관성 · 202 | 개성화 과제 2 상대방의 독립에 배신감 느끼지 않기 · 207 | 개성화 과제 3 성장에 대한 인내심 기르기 · 209 | 개성화 과제 4 회복탄력성 · 210 | 개성화 과제 5 핵심 가치관의 정립 · 215 | 개성화 과제 6 진정한 공감 능력 · 218 | 개성화 과제 7 그저 그런대로 괜찮은 사람 · 222

[참고하면 좋을 다니엘의 영상 콘텐츠]
이상적인 배우자로서 가장 중요한 조건들 · 225
진지하게 만나도 되는 사람인지 판단할 수 있는 '세 가지 조건' · 225

11장 사랑에 만능약이 있다면

자기기만이란 무엇인가 · 228 | 마지막 처방 · 236

[참고하면 좋을 다니엘의 영상 콘텐츠]
결혼 후 더 빛나는 사람들의 특징 · 239

Epilogue

[참고하면 좋을 다니엘의 영상 콘텐츠]

연애 콘텐츠를 많이 볼수록 연애가 힘들어질 수밖에 없는 이유 249

1부
사랑에 대한 불편한 진실

Falling in love

1장

사랑이라고 착각하지만 사실은 사랑이 아닌 것들

피그말리온 이야기와
로맨스에 숨겨진 의미

로마의 시인으로 알려진 오비디우스Ovidius의 『변신 이야기』 제10권의 대표적인 일화를 소개하려 한다. 조각가로 일하고 있던 피그말리온은 신의 저주로 인해 매춘부로 추락해버린 여인들을 보며 실망한 나머지 실제 여성에는 관심을 두지 않기로 결심한다. 대신에 그는 본업인 조각에 전념하는 삶을 살지만 이상적인 여성상에 대한 미련을 버리지 못하고 그가 생각하는 여자의 이상적 형상을 조각으로 완성한다.

마침내 조각상이 완성되고 자신의 창조물에 너무 몰입한 나머지 그는 자신이 완성한 조각상과 사랑에 빠지게 된다. 하지만 그녀가 사람이 아닌 조각상에 불과하다는 사실을 직면하고 슬픔에 빠진다. 슬픔과 고통에 몸서리치다가 아프로디테의 축제날에 제물을 바치면서 조각상을 진짜 여자로 변하게 해달라는 간절한 소원을 빈다. 결국 여신의 축복 아래 조각상은 실제 여인이 되며 그녀에게 '갈라테이아'라는 이름을 준다. 피그말리온과 그의 창조물 갈라테이아는 연인이 되고, 결혼을 서약하며 아이를 낳고 오래도록 행복하게 산다.

 이 이야기는 '피그말리온 효과'의 배경 이야기가 되는 그리스 신화 속 서사 중 하나다. '개인의 심리적 기대가 실제로 향상된 성과로 나타나는 심리적 현상'을 의미한다. 쉽게 말해 피그말리온 효과는 다른 사람(조각상)에 대해 간절히 기대하거나 바라는 바가 결국 내가 바란대로 실현되는 현상을 말한다. 해당 효과는 교육심리학 이론에도 종종 등장하는 심리 현상이기에 어떤 조건과 상황이 갖춰졌을 때 작동하는 효과일지도 모른다. 하지만 '교육심리학 이론'에서 주로 등장한다는 사실을 명심해야 한다. 즉 이 책의 주제이자 피그말리온 이야기의 주제인 '사랑'의 관점에서는 작동하지도 않을뿐더러 운 좋게 작동한다고 해도 진짜 사랑을 하는 행동에는 도움이 되지 않는다.

 일부 낭만주의자들은 사랑을 첫눈에 반하는 것, 설명할 수 없는 운명으로 이루어지는 것, 말하지 않아도 내 마음을 다 알아주는 것, 백마 탄 왕자, 꿈속의 여인과 함께 어떤 고통이나 좌절도 없이 언제나 행복한 무언가쯤으로 생각한다. 그래서 그리스 신화 속 피그말리온의 일화를 듣고 감동을 받았을지 모른다.

한 남자의 절절한 기대와 헌신, 신의 축복을 받으며 이루어지는 사랑이라니 이렇게 낭만적일 수가 없다. '낭만'은 영어로 Romance다. Romance의 어원을 파고들면 1) 현실에서 벗어난 환상적인 이야기 2) 마술적인 환상이라는 뜻도 있다는 걸 아는 사람이 얼마나 있을지는 모르겠다.

캐나다의 저명한 문학 평론가 노스럽 프라이는 짧지 않은 산문 형식으로 쓰여진 문학 작품을 소설, 고백, 아나토미, 로망스 이렇게 네 가지 유형으로 나눈다. 여기서 로망스는 우리가 흔하게 알고 있는 낭만적인 이야기, 가령 『로미오와 줄리엣』 같은 작품이다. 19세기 후반 낭만주의가 창궐하기 전에는 『로미오와 줄리엣』이 셰익스피어_{William Shakespeare}의 희곡 중에 가장 푸대접을 받았던 이야기였다는 사실을 알면 놀라워할 사람이 꽤 많을 테다. 하지만 낭만주의 시대가 아닌 다른 시대에서 『로미오와 줄리엣』이 하찮은 대우를 받을 수밖에 없었던 이유는 자명하다. 그 이야기가 어원 그대로 '현실에서 벗어난' 이야기이기 때문이다.

다시 돌아와 피그말리온의 사랑 이야기를 우리의 현실에서 살펴보자. 나에게는 관심도 주지 않고 조각상의 질

감처럼 딱딱하게 굴던 이성이 간절한 기도 몇 번에 갑자기 마음을 바꿀 확률은? 사랑에 빠지고 나서 순탄하게 연애하고, 결혼까지 골인하여 아이를 낳아 어떤 갈등도 없이 백년해로할 확률은 얼마일까?『사랑의 기술』을 집필한 에리히 프롬은 '0%'라고 대답할 것이다.

 같은 맥락에서 우리가 열광하는 대부분의 멜로 드라마와 영화 또한 현실에서 벗어난 특별한 이야기다. 현실적이지 않고 특별하기에 많은 대중이 열광한다. 멜로 드라마와 영화에서는 피그말리온의 이야기처럼 남녀가 만나 강렬한 끌림을 느끼고 '사귀자'라고 계약을 맺거나 결혼하는 특별하고 아름다운 서사, 딱 거기까지의 이야기에서 끝이 난다.

 결혼 후 남자는 경제적 책임감에, 여자는 경력과 아이 사이에서 고민하는 것. 사소한 문제로 다투기도 하며 지지고 볶고 같이 사는 것. 사실 남녀 관계에서 겪게 되는 문제들의 90% 이상은 이런 일상적이고 보편적인 모습에서 나오며, 그런 어려움을 극복하는 과정이 '사랑하는 것'의 핵심이다. 하지만 이런 평범한 일상은 로맨스 장르에서는 좀처럼 다루지 않는다.

피그말리온의 사랑 이야기와 로맨스 작품들은 완전히 환상이며 우리에게 일어날 일이 아니다. 무엇보다 사랑을 잘하기 위해 참고할 만한 이야기도 아니다. 오히려 교육적으로는 방해가 된다.

앞에서 Romance의 어원들의 뜻 중 하나가 '마술적인 환상'이라는 말을 했다. 많은 사람이 사랑에 빠지는 순간, 마술쇼를 정면에서 보며 깜박 속아 넘어가는 관객의 모습처럼 어리숙해진다. 마술쇼에 참가했다고 가정해 보자. 유능한 마술사가 마술하는 모습을 정면에서만 보면 전문가가 아닌 이상 속을 수밖에 없다.

하지만 관객들이 마술 무대의 측면과 무대 뒤의 시야까지 제공받은 상태로 쇼를 구경한다면? 마냥 감탄했던 쇼가 속임수이자 착각, 환영이었음을 알게 되며 관객을 속이는 과정까지 이해하게 된다. 결국 별일도 아닌 속임수에 당한 스스로의 멍청함과 어리석음을 깨달으며 실소하게 될 것이다.

아마 지금 이 책을 읽고 있는 독자들의 90% 이상이 싸구려 마술쇼의 환영에 속아 굳이 받을 필요가 없는 상처를 받고, 의미 없는 만남과 이별을 반복했을 것이다. 하지만 곧 사랑이라는 마술쇼를 정면에서 마냥 감탄만 하다가 집에 돌아가는 수동적인 관객에서 벗어날 거라 확신한다.

이 책을 통해 사랑이라는 마술쇼의 측면과 뒷 시야, 숨겨진 작용까지 모두 이해하며 쇼를 폭넓게 즐길 수 있는 능동적인 관객이 될 수 있다. 사랑을 온전하게 즐길 수 있는 더 성숙한 사람이 되는 것이다. 우리의 목표를 달성하기 위해 지금부터, 우리들이 어떤 마술 속임수에 속아왔는지 살펴보자.

99%가 사랑이라 생각하지만 사랑이 아닌 네 가지 증상

매력적인 이성을 만나서 사랑에 빠지면 가슴이 뛴다. 그렇다면 '사랑에 빠졌다'는 결정적인 증거와 학자들이 보편적으로 인정하는 증상은 무엇일까? 진화 심리학자들은 사람이 사랑이 빠졌을 때 겪게 되는 증상을 네 가지로 요약한다.

첫 번째, 상대를 '이상화'한다. 상대방의 상태를 과장하고 긍정적으로 인식한다. 누군가를 두고 사랑에 빠진 사람은 대상이 객관적으로 훌륭한 사람이 아니어도, 매우 훌륭한 매력을 지닌 사람이라고 자의적으로 과대평가한다.

어떤 직장인 여성이 퇴근 후 같은 학원에 다니는 남자에게 사랑에 빠졌다고 가정해 보자. 사실은 그냥 평범한 남자인데 - '저 남자는 왠지 고급 향수를 쓰고, 아침에 일어나서 독서를 하며, 라이프 스타일이 괜찮을 거야' - 스스로 상상한 모습을 그 사람의 진짜 모습이라고 생각한다.

대상을 지나치게 과대평가하는 행위도 이상화의 한 종류다. 정말 평범한 외모인데 잘생겼다고 착각하거나(이럴 때 친한 친구들은 '또 시작이네'라며 핀잔을 줄 것이다), 상대방 입장에서는 그저 예의를 지킨 것일 뿐인데 그런 모습을 보고 '역시 인격까지 훌륭한 사람이야'라고 성급한 판단을 하는 현상도 이상화다.

두 번째, '침습하는 생각'이다. 쉽게 말해 어떤 사람이 자꾸 생각나고 너무 보고 싶어서 본업에 집중하기 어려운 증상이다. 분명 해야 할 중요한 일이 있지만 상대의 만나자는 한 마디에 버선발로 뛰쳐나가는 그런 모습이 '사랑에 빠졌다'는 훌륭한 증거가 된다.

세 번째, '상대를 독점하려는 욕구'가 강해진다. 어떤 사람에게 사랑에 빠지면 아직 말 한번 못 붙여본 생판 남이거나 아직 사귄 지 일주일밖에 안 돼서 실상은 아무것도 모르는 사이인데도 상대방이 다른 이성과 조금이라도 교류하는 모습을 보면 질투가 난다. 즉 상대방을 사람 대 사람으로 존중해주기보다는 내 영역과 행동반경, 기대에 가두고 싶어 하는 소유욕과 독점욕이 생긴다.

　사랑에 빠졌다는 증거 마지막은 '동일화에 대한 욕구'다. 누군가와 사랑에 빠지면 몸이든 마음이든 언제나 하나가 되고 싶어 한다. 육체적으로는 그 사람과 한시도 떨어지기 싫어하며, 정신적으로도 모든 의견과 가치관이 하나가 되었으면 하는 욕심 때문에 싸우거나 괴로워한다.

　아마 연애 경험이 있거나, 하다못해 짝사랑 경험이라도 있는 사람이라면 저런 증상을 수반한 경험을 분명 한 적이 있을 테다. 물론 본능적인 반응이며 자연스러운 현상이다. 문제는 많은 사람이 저런 본능적 반응과 증상들을 '진짜 사랑'이라고 착각한다는 점이다.

　그래서 상대를 더는 이상화하지 않고, 서로에게 너무 익숙해져서 독점욕과 결합 욕구가 사라지면 '아, 나는 그 사람을 더 이상 사랑하지 않는구나'라고 착각하여 헤어지는 경우가 많다. 당신은 마술쇼의 트릭에 속은 것이다. 안타깝게도 이상화, 침습하는 생각, 독점욕, 동일화에 대한 욕구, 이 네 가지 증상은 당신이 지금까지 사랑이라 굳게 믿었지만 사랑이 아닌 것들이다.

지금까지의 설명을 이해하기가 어렵거나 반발감이 들 수도 있다. 그래서 이제부터는 네 가지 증상 하나하나에 대해 구체적으로 설명하려고 한다. 이를 통해 우리들이 어떤 속임수에 넘어갔는지, 사랑의 마술에 감쪽같이 속아 얼마나 스스로와 상대방을 파괴하는 사랑을 했는지 낱낱이 파헤쳐 볼 것이다.

쉬운 이해를 위해 곧 운명처럼 사랑에 빠질 '정우'와 '민지'를 가상의 인물로 등장시켜 일반적인 사랑의 과정을 같이 관찰하려고 한다. 이 둘은 이 책의 많은 부분에서 당신들의 반면교사가 될 귀중한 사람이니 행동 하나하나를 자세히 관찰해보자.

"상대를 더는
이상화하지 않고, 서로에게 너무
익숙해져서 독점욕과 결합 욕구가
사라지면 '아, 나는 그 사람을 더 이상
사랑하지 않는구나'라고 착각하여
헤어지는 경우가 많다.

당신은 마술쇼의 트릭에 속은 것이다.
안타깝게도 이상화, 침습하는 생각,
독점욕, 동일화에 대한 욕구,
이 네 가지 증상은 당신이 지금까지
사랑이라 굳게 믿었지만
사랑이 아닌 것들이다."

[참고하면 좋을 다니엘의 영상 콘텐츠]

 연인들의 절반 이상은 이렇게 헤어집니다

2장

사랑에 빠졌을 때 일어나는 첫 번째 일, 투사와 추상화

오늘은 혈기 왕성하고 매력적인 남자 정우와 발랄한 성격이 빛나는 여자 민지가 소개팅을 하는 날이다. 사실 이 둘은 서로에 대한 큰 기대가 없다. 두 청춘 남녀 모두 회사원이 된 지 3년이 넘었고, 주 활동지가 직장이 되면서 사람을 자연스레 만날 수 있는 기회가 줄어들어 수십 번 이상의 소개팅을 했지만 유의미한 관계로 이어지는 데는 번번이 실패했기 때문이다.

상대방이 괜찮았을 때는 상대가 나를 마음에 들어하지 않았고, 상대가 날 마음에 들어할 때는 내가 상대에게 끌림을 느끼지 못했다. 빈번한 실패와 좌절은 대상에 대한 기대를 낮추는 효과가 있다.

소개팅을 수십 번 이상 경험해 본 능숙한 사람들은 오후 3시경 번화가 거리 3열, 4열 즈음에 위치한 조용한 2층 카페에서 첫 만남을 가진다. 번화가에 위치해 교통이 편하지만 2열 이상의 뒤편에 위치한 가게라 아는 사람을 만날 가능성이 적고, 마음에 들지 않으면 약 한 시간 동안의 피상적이고 예의만 적당히 갖춘 대화 후에 자리에서 일어나 집으로 돌아가 휴식을 취할 수 있는 연유다. 아니면 다른 재밌는 만남을 가질 수도 있다.

대상에 능숙해지다 보면 효율성을 찾기 마련이고, 정우와 민지 역시 같은 선택을 했다. 민지는 최소 15분 전에 약속 장소에 도착해 앉아 있는 습관이 있다. 이건 습관이라기보다는 약점을 가리기 위한 전략에 가깝다. 동글하고 작은 얼굴형과 어깨선이 아름다운 몸매를 가진 그녀지만, 약간은 짧고 뭉툭하게 느껴질 수 있는 하반신에 자신이 없는 탓이다.

짝의 첫인상을 평가하는 데 있어서 취약한 부분부터 살피는 까다로운 암컷과는 달리 영장류 수컷은 빛나는 점을 우선시하는 지극히 낙관적인 면이 있기에 이는 나름대로 훌륭한 전략이다.

정우는 상대보다 5분 늦게 도착하곤 한다. 전형적인 미남형은 아니지만 곧게 뻗은 다리와 넓은 어깨, 시원해 보이는 전신에 강점이 있는 남자라 서 있는 모습을 첫인상으로 보여주고 싶어서다. 다시 한번 말하지만 정우와 민지는 이번 소개팅에 큰 기대는 없다.

중세 시대 유럽부터 성숙한 인간상으로 꾸준히 제시된 신사와 숙녀 이미지에 익숙한 그들은 소개팅 성패와 상관없이 응당 서로에게 좋은 이미지를 남기고 싶어 할 뿐이었다.

 오늘도 역시 민지는 약속 시간 15분 전에 약속 장소에 도착해 음료를 시킨다. 상대 남성의 마음이 편하게 본인의 음료만 계산할 수 있도록 따뜻한 아메리카노를 주문한 후 자리에서 조금 기다렸다가 음료를 받아 차분히 자리에 앉았다. 평소에는 영하 10도 이하의 날씨에도 아이스 음료를 즐겨 마시지만 차가운 느낌으로 보이고 싶지 않아서, 아니 어쩌면 더 나아가 편안한 인상을 주고 싶어 따뜻한 음료를 주문했다.

 오후 3시 5분, 정우가 카페에 입장한다. 민지의 시점에서는 두리번거리는 어떤 훤칠한 남자가 어렴풋이 느껴진다. 어쩐지 예감이 좋다. 실루엣만 느꼈을 뿐인데 이미 기대 이상이라는 직감이 든다. 쓸 만한 수컷인 듯하다. 아직 민지의 시선은 정우를 똑바로 향해 있지 않다. 그렇지만 정우가 어떤 행동을 하고 있는지, 맞는 방향으로 다가오는지 모두 느낄 수 있다.

 그게 여타 동물들과 차별화된 인간이 가진 흰자의 기능이다. 인간의 눈에서 흰자는 다른 동물들보다 높은 비율인 50% 이상을 차지하는데, 인간이 높은 사회성과 대규모 협력을 기반으로 진화했다는 증거이다. 흰자의 움직임을 통해 집중하는 대상을 쉽게 알아차릴 수 있기에 내 의도를 들키지 않으려면 시선 처리에 특별히 신경 써야 한다.

이제 정우의 시점으로 옮겨가 보자. 2층에 위치하는 카페였기에 계단에 올라가면서 2층의 상황을 쉽게 훑어볼 수 있었고, 민지와 마찬가지로 흰자를 활용해서 민지의 실루엣을 충분히 느낄 수 있었다. 수컷도 암컷과 마찬가지로 상대의 유전 신호가 매력적이라는 계산을 순간적으로 끝마쳤다.

10초 후, 둘의 거리는 3m 내로 좁혀지고 서로의 시선이 마주쳤다. 충분히 안녕해 보이는 두 현대인의 "안녕하세요"라는 멋쩍은 인사와 함께, 정우가 자리에 앉는 약 3초 동안 서로에 대한 평가가 이루어진다.

남자는 여자의 가슴골과 허리까지 살펴보는 것으로 99%의 평가를 끝냈고, 여자는 3초도 되지 않아 그 남자의 전신과 양말 색깔까지 살핀다. 참고로 여자는 잘난 남자의 가능성을 0.1초 만에 파악한다. 지금의 모든 평가는 모두 무의식적인 계산이다.

두 남녀의 무의식 속 평가의 결과는 '합격'이다. 인간의 언어로 '첫눈에 반했다'라는 표현을 주로 쓴다. 여성은 호감이 가는 남자 앞에서 고개를 비스듬하게 기울여 목선을 노출하는 경향이 있고, 남성은 매력을 느끼는 여성 앞에서 평소보다 많은 지출을 하는 경향이 있다.

오늘 하루 민지는 목에 평소보다 목덜미를 많이 노출한 탓에 선크림을 바르는 편이 피부 건강에 좋을 것이며, 정우는 이번 달의 지출 계획을 정비할 필요가 있을 것이다. 결과적으로 정우와 민지는 첫눈에 반했고, 마침내 사랑에 빠졌다.

사랑에 빠지면 우리는
가장 먼저 투사부터 한다

사랑에 빠지는 것Falling in Love과 사랑을 하는 것Being in Love은 다르다. 하지만 많은 사람이 '사랑에 빠지는 것'을 '진짜 사랑을 하는 것'이라고 착각한다. 사랑에 빠진다는 것은 한마디로 첫눈에 반하는 것이다. 어떤 사람한테 첫눈에 반하는 이유는 정확히 설명할 수 없다.

가장 설득력 있는 대답은 그냥 동물로서의 본능적인 판단과 반응이며, 발정 난 길고양이의 짝짓기 행동과 조금도 다르지 않다. 하지만 영리한 인간이 아닌 이상 그런 사실을 깨닫지 못한다. 평범한 범주의 사람들은 '말이 잘 통해서', '상대가 착해 보여서' 정도의 그럴듯한 이유를 찾아 그저 동물적으로 이루어진 일을 자신이 이성적으로 판단했다고 고상하게 합리화한다.

그런데 아무 노력 없이 본능적으로, 무의식적으로 이루어진 일을 사랑이라고 할 수 있을까? 이러한 생각은 이 책 전반에서 배우는 '진짜 사랑을 하는 것'에는 오히려 방해가 된다. 첫눈에 반해 사랑에 빠지는 순간, 오히려 대상의 진짜 모습에 대해 완벽히 잃어버리기 때문이다.

흔한 말로 '사랑에 빠져서 눈이 멀었어'라는 표현을 쓴다. 아주 적확한 표현이다. 사랑에 빠지면 눈이 멀어 상대를 제대로 판단할 수 없게 되고, 심지어 상대를 더 이상 알아보려는 노력 자체를 멈춘다.

가령 남자라면 어떤 여성을 보자마자 가슴이 요동치는 감정을 느끼며 '찾았다, 내 사랑'이라는 생각을 가져 본 황홀한 경험이 있을 것이다. 그 순간, 남자는 앞에 있는 여성을 있는 그 자체로 보지 못하고 평소 생각해 왔던 완벽한 여성상이나 꿈속의 이상형 이미지를 그 여성에게 덮어씌워서 본다.

눈길을 사로잡는 아름다운 누군가를 처음 봤을 때, '그 여성은 보기 좋은 외모를 가졌고 향기로운 샴푸 냄새가 난다'라는 정보만 가질 뿐이다. 하지만 사랑에 빠진 남자는 여성을 보는 순간 더 나아가서 '그 여자는 꽃꽂이를 취미로 하며, 요리도 잘하고, 내가 어떤 말을 해도 웃어주며, 연애 경험이 별로 없어 순수하고, 한 남자만을 바라보는 지고지순한 여성일 거야'라는 본인이 원하는 이상향을 상대의 본모습이라며 기대하고 착각한다. 하지만 그것은 그 여성의 진짜 모습이 아니다.

남자뿐만 아니라 여자도 마찬가지다. 민지는 정우에게 첫눈에 반해 사랑에 빠졌다. 정우의 옷차림은 단정했으며 좋은 향수 향기가 느껴졌다. 민지는 정우에 대해 딱 두 가지 정보만 습득했지만, 거기에 자신이 원하던 이상적인 백마 탄 왕자의 이미지를 덮어씌워서 정우를 본다.

'아침에 일어나서 독서를 하고, 술을 멀리하며, 일과 후에는 항상 운동을 할 거야. 라이프스타일도 고급스럽겠지'

이런 환상 속의 모습을 그 사람의 실제 모습일 거라고 기대한다. 상대의 진짜 모습을 보지 못하고 본인의 이상향과 환상 속의 기대를 덮어씌운 채로 상대를 그릇되게 평가하는 셈이다. 분석심리학의 창시자이자 사상가인 칼 구스타프 융Carl Gustav Jung은 이런 현상을 두고 투사Projection라고 말한다. 첫눈에 반하고 사랑에 빠지는 일은 전형적인 투사 현상이다.

대학 강의실마다 하나씩 달린 강연 자료 시청각 장치를 프로젝터Projector라고 부른다. 프로젝터는 영상을 큰 화면에 투사하는 장치로, 기본적인 작동 원리는 빛을 이용해 이미지를 '확대'하여 화면에 표시한다. 우리도 상대에게 빠졌을 때 걸어 다니는 프로젝터가 된다. 그래서 상대를 나만의 필터를 통해 확대, 즉 과대평가하여 인식하는 것이다.

모든 인간관계를
파멸로 이끄는 제1원인

인생은 고통이다. 해당 주장에는 관점에 따라 찬반이 갈리겠지만 분명 인간은 행복보다는 고통을 느끼기 더 쉬운 동물이고, 삶의 여정 중 많은 부분이 고통을 인내하고 극복하는 시간으로 이루어져 있다. 이러한 고통에는 여러 가지 원인이 있으나, 수많은 사회과학적 문헌과 연구를 종합하자면 본질적인 원인은 결국 하나로 귀결된다. 바로 인간관계다. 정신분석학자 알프레드 아들러Alfred Adler의 말을 빌리자면 생의 모든 고통과 개인적인 고민은 인간관계에서 비롯된다.

삶이 너무 고통스러워 스스로 목숨을 끊는 행위인 자살의 가장 주요한 원인도 대인관계가 크다. 사람들과 관계를 맺는 행위는 인간에게 큰 의미를 부여하고, 행복과 고통을 판가름하는 핵심 요인이라고 볼 수 있다. 이러한 메시지는 개인적인 경험으로도 충분히 느낄 수 있었다. 수년간 성인 교육과 코칭 프로그램을 운영하면서 뵙게 된 고객들의 고민 중 90% 이상이 인간관계였다. 여기서 의문이 든다. 인간관계는 왜 우리를 끊임없이 고통으로 몰아넣고, 좌절감을 들게 할까?

3000년 전 살았던 현자 고타마 싯다르타, 2500년 전 고대 그리스의 소크라테스, 2000년 전의 예수 그리스도, 200년 전의 쇼펜하우어, 근현대의 철학자와 사회과학자까지 모두 동의할 대답이 하나 있다. 우리가 인간관계에서 고통받는 이유, 모든 인간관계를 파멸로 이끄는 제1원인은 바로 '타인에 대한 그릇된 나의 기대'라는 것이다. 타인에 대한 그릇된 기대 또한 전형적인 투사 현상이다.

사람은 누군가와 관계를 맺을 때 자신만의 기준으로 상대에게 어떤 환상을 갖고 기대를 한다. 가족, 친구, 연인, 직장에서의 공적인 관계까지 모두 마찬가지다. 자식은 부모에게 이상적인 헌신과 사랑을 기대하고, 부모 또한 자식이 더 유능한 사람이 되길 바란다. 회사라는 법인은 지원자가 미래에 특정 역할을 다하리라 기대하기에 선발하고, 지원자도 회사에 기대하는 바가 있기에 많은 공을 들여 지원한다.

즉 대상에 대한 기대 없이는 어떤 관계도 시작될 수 없다. 하지만 기대는 관계의 시작을 촉진할 뿐, 과정까지 책임져 주진 않는다. 도리어 대상이 우리의 기대에서 벗어나는 순간, 불만이 생기면서 고통과 파멸이 시작될 수 있다.

생일에 부모님과 놀이공원에 놀러 가길 희망했던 아이는 생일 일주일 전부터 기대감에 마음이 부풀어 있다. 하지만 생일 당일, 맞벌이로 바빴던 부모는 식탁 위의 10만

원과 '맛있는 거 시켜 먹어'라고 적은 쪽지가 최선이었다. 아이는 자신의 기대가 실현되지 못했다는 사실에 고통스러워하며 실망을 감추지 못한다.

 부모 쪽도 마찬가지다. 부모들은 아이가 편식하지 않고 균형 잡힌 식사를 하길 바란다. 하지만 대부분의 아이는 그 기대를 충족해 주지 못한다. 부모 또한 자신의 기대가 충족되지 못해 고통스럽다. 물론 이 정도 수준의 기대와 실망, 고통은 너무 일반적이기에 부모 자식 관계가 틀어지진 않는다. 해당 기대가 '그릇'되진 않았으니까 말이다. 그렇다면 그릇된 기대란 무엇인가?

 그릇된 기대란, 자기 결정권을 가진 성인이 1) 이기적인 마음으로 2) 관계에서 오는 위안과 혜택을 누리기 위해 3) 상대에게 추가의 능력을 바라는 행위다. 피그말리온 이야기로 돌아가 보자. 피그말리온과 조각상 사이에 이루어진 사랑 이야기를 모티브로 한 '피그말리온 효과'는 '개인의 심리적 기대가 실제로 향상된 성과로 나타나는 심리적 현상'을 말한다.

 하지만 여기서 말하는 기대는 그릇된 기대가 아니라 건

강한 기대여야 한다. 건강한 기대란 상대의 성장을 진심으로 바라는 이타적 동기에서 시작되는 소망, '네가 성장해서 나도 참 좋아' 같은 상호 호혜적 태도를 말한다.

이와는 반대로 그저 개인적인 욕심과 이기적인 마음으로 상대에게 추가의 이상적인 모습을 바라는 사람이 있다. 이것이 바로 그릇된 기대이며 결국 관계를 파멸로 이끈다.

가령 아이가 더 골고루 먹기를 바라는 부모의 기대는 건강한 기대다. 아이의 건강한 성장을 위해 필요한 기대이기 때문이다. 하지만 의사인 부모가 작가가 되고 싶어 하는 아이에게 "너도 의사가 되어서 가문의 대를 이었으면 좋겠어"라며 자신의 이상을 강요한다면, 이것은 그릇된 기대이자 개인적인 욕심일 뿐이다. 심해지면 정서적 폭력이 된다. 후자는 '나'를 위한 기대이지 '상대'를 위한 기대가 아니다.

그릇된 기대는 상대뿐만 아니라 자신을 고통스럽게 한다. 그릇된 기대는 욕심에서 오고 욕심이 충족되지 않으면 필히 고통으로 확장된다.

사람이 아니라 조각상을 사랑하는 피그말리오니즘

피그말리온과 조각상의 사랑 이야기에서 유래된 심리학 개념이 '피그말리온 효과' 말고 하나 더 있다. 바로 '피그말리오니즘'이다.

신화 속의 피그말리온은 현실 세계의 진짜 여성에게 실망한 나머지 지극히 개인적으로 생각하는 이상적인 여성을 조각상으로 만들었다. 결국 꿈속의 여인과 사랑의 결실을 맺지만 신화 속 로맨틱 스토리에 불과하다.

신화 속 관대한 신들은 그의 노력을 정성이라 여겼지만 인간의 세계에선 투사적 환상, 광기에 가까운 집착이라 부른다. 이야기 속 피그말리온이 진짜 현실에 내던져졌다면 가장 먼저 정신과 진료 예약을 잡아야 하며, 6개월 이상의 약물과 상담 치료 후 진짜 여성을 만나야 할 것이다.

피그말리오니즘은 현실 관계에 고립되어 자신의 결핍을 '투사한' 가상의 이상적 존재를 탐닉하는 현상을 말한다. 피그말리오니즘에 대한 설명을 들으면 걸리기 힘든 특별한 질병인 것 같지만, 사실 대부분의 사람이 갖고 있는 보편적인 미성숙함이다. 우리는 이기적인 욕심으로 상대에 대해 제멋대로 기대한다. 자신의 이상향을 투사하고 집착하는 피그말리온. 우리 모두는 피그말리온이었거나, 피그말리온이거나, 성찰이 없다면 앞으로도 피그말리온일 것이다.

특히 남녀가 서로 사랑에 빠졌을 때는 하나같이 습관성 피그말리오니즘에 시달리게 된다. 한 남자가 청순한 스타일의 어떤 여성에게 첫눈에 반했다고 또 한 번 가정해 보자. 그 남성은 여성을 보는 순간 현실을 보지 못하고 엄청난 기대와 환상을 가진다. 자신의 이상향을 덮어씌워 상대를 왜곡하여 본다. 즉 투사 현상이 일어나면서 상대를 과대평가한다.

> "저 여자는 분명 조신하고, 한 남자만 바라보고, 취미는 독서와 요리일 거야. 그리고 늘 좋은 향기가 나겠지."

여성의 입장도 마찬가지다. 정말 멋있고 다정한 남자와 운 좋게 데이트하게 된 어떤 여성은 분위기 좋은 레스토랑에서 낭만적인 시간을 보내며 그에게 추가의 기대와 환상을 품게 된다.

> "정말 멋있고 유머러스하고 센스 있는 남자야. 저 반짝이는 눈 좀 봐. 나를 정말 특별하게 생각하는 것 같아."

정말 운이 좋다면 서로가 바라는 기대와 환상에 부합할 수 있겠지만, 그런 행운은 우리에게 잘 주어지지 않는다. 다 같이 진실에 직면해 보자. 남자는 불과 24시간 전에 다른 여자와 비슷한 시간을 보낸 바람둥이였으며 여성은 독서와 요리에는 관심도 없고 조신함과는 거리가 먼 톰보이 같은 사람이다. 통금 시간은 없고 이성 친구는 300명이 넘으며 취미와 특기는 킥복싱이라고 한다. 자신이 만들어 낸 환상적인 기대에 상대가 부합하지 않았을 때, 대다수의 반응은 어떨까?

> "진짜 별로인 사람이었네. 실망이야. 나는 언제쯤 좋은 사람을 만날 수 있을까?"

그런데 성인이라면 한 번 더 생각을 해봐야 한다. 진짜 별로인 사람은 상대방에게 아무 근거 없는 기대와 환상을 품은 우리 자신일지도 모른다. 어떤 대상에 대해 과한 기대와 환상을 품는 행위는 미숙함의 상징이다. 역으로 어떤 것에 전문적이고 능숙할수록 대상에 대한 기대가 없어지는 법이다.

평생 가난한 자들은 '돈이 행복을 가져다주진 않는다'라고 말하는 억만장자의 조언을 믿지 않고 돈이 인생을 구원해 줄 황금 동아줄이라 굳게 믿는다. 돈에 미숙하기에 대상에 대한 과한 기대와 환상을 품는다.

같은 맥락으로 인간관계에 미숙한 사람들은 시작부터 상대에 대해 과한 기대를 품고, 상대가 자신의 기대에서 벗어나는 행동을 보이면 크나큰 실망을 한다. 인간관계, 우정, 연애, 결혼을 자신의 불만족스러운 인생을 구원해 줄 황금 동아줄로 생각하기 때문이다.

그래서 상대가 황금 동아줄이 아니라 썩은 동아줄이라 여겨지는 순간, 걷잡을 수 없는 분노에 빠진다. 멋대로 기대한 본인의 탓이 아니라 기대를 채워주지 못한 상대에게 모든 감정의 칼날이 향한다. 기대를 충족하지 못해 생긴 분노는 집착, 상대에 대한 핀잔, 과도한 요구 등 정서적 폭력으로 이어지며 결국 둘의 관계는 파멸에 이른다.

대상에 대한 그릇된 기대와 환상은 특히 연인 관계에서 가장 큰 걸림돌이 된다. 이 세상의 모든 연인과 부부들에게 물어보고 싶다. 당신은 진짜 그 사람을 사랑하는 것인가, 아니면 개인적인 기대를 담아 조각한 어떤 조각상에 빠져있는 것인가?

상대를 이상화한다는 것의 맹점

사랑에 빠지면 우리는 상대를 이상화한다. 사랑에 빠진 사람은 갑자기 걸어 다니는 프로젝터로 변신하여 상대의 모습을 과장하여 본다. 그 모습을 실제 모습이라 기대하고 그 기대에 미치지 못하면 실망한다. 그래서 '이상화'는 많은 사람이 사랑이라 굳게 믿지만, 사실 사랑이 아니다. 서로에게 피해를 주며, 사랑을 지속하기에는 방해가 되기 때문이다.

사랑에 빠졌을 때 일어나는 못된 이상화 현상이 하나 더 있다. 바로 대상의 본모습이 아닌 추상Abstraction부터 보는 행위이다. 따스한 봄날, 정원 화단에 장미꽃 수십 다발이 심어져 있고 당신은 꽃을 구경하고 있다고 가정해 보자. 우리는 장미꽃을 볼 때 장미꽃의 진짜 모습을 보기 전에 장미꽃의 이상적인 이미지부터 떠올린다.

여기서 추상이란 장미꽃의 이상적인 이미지를 말한다.

장미꽃의 이상이라고 하면 응당 싱그러운 초록색 잎과 적절한 길이의 줄기, 줄기를 지켜주는 가시, 붉은빛의 영롱한 꽃잎이다. 그래서 장미꽃의 이상적인 이미지, 추상을 떠올린 후 현재 보고 있는 장미를 평가하게 된다. 이상적인 이미지에서 크게 벗어나지 않았을 때 우리는 그 장미를 장미라고 판단한다.

이성 관계에서 서로를 처음 평가할 때도 같은 현상이 일어난다. 여자는 남자가, 남자는 여자가 가져야 할 이상적인 이미지를 떠올린 후 상대를 평가하고 그 기준에서 크게 벗어나면 마음을 주지 못한다. 이 모든 인식과 평가 과정은 몇 초 내에 이루어진다.

개인적으로 생각하는 이상적인 이미지에 부합해서 사랑에 빠지는 경우도 본질을 들여다보면 상황이 좋지 않다. 정우와 민지의 첫 만남 상황으로 돌아가 보자. 정우와 민지는 사랑에 빠졌다. '수십 번의 소개팅 실패가 이 순간을 위한 고행이었나'라는 생각이 들 정도로 기쁘겠지만, 사실 정우와 민지는 서로를 진심으로 사랑하고 있지 않다.

그들은 그저 개인적으로 간직한 추상만을 사랑하고 있

다. 정우는 평소 생각했던 이상적인 여성의 추상, 민지는 평소 생각했던 이상적인 남성의 추상과 크게 벗어나지 않은 미확인 생명체와 사랑에 빠졌을 뿐이다. 둘이 서로에 대해 아는 정보는 뭉툭한 이미지, 추상, 실루엣밖에 없다.

장미는 항상 피어있는 게 아니라 피었다가 지는 존재이다

추상을 사랑하는 행위가 왜 사랑에 방해가 되는지 설명하고 싶다. 정원의 장미 다발을 구경하는 상황으로 되돌아가 보자. 6월 어느 날 싱그러운 초록색 잎, 적절한 길이의 줄기, 줄기를 지켜주는 가시, 붉은빛의 영롱한 꽃잎을 가진 이상적인 장미에 매혹되어 한 송이를 집으로 꺾어왔다.

장미의 아름다움에 매료되어 신선한 물과 영양제를 주며 애틋하게 키운다. 정성 덕분인지 수줍은 듯이 작은 꽃봉오리를 피우던 장미는 활짝 개화했다.

그러나 장미 역시 생명을 가진 법, 얼마 지나지 않아 곧 시들었다. 그렇다면 붉은빛의 꽃잎이 없는 벌거숭이 장미는 장미가 아닌가? 때가 되어 잎이 졌다 하여 장미의 아름다움을 칭송하지 못한다면 그것은 장미를 사랑하는 자의 모습이 아니다. 그저 아름다워 보이는 어떤 존재를 꺾어 소유하고자 하는 욕심일 뿐이다.

인간은 놀랍게도 이와 비슷하게 이기적이고 폭력적인 행동을 동물에게도 서슴지 않고 한다. 2023년을 기준으로 국내에서만 8만 마리 이상의 유기견이 발생한다. 이 또한 인간이 개와 고양이의 추상만을 보고 집으로 데려오기 때문이다. 집에 들어오면 누구보다 반겨주는 모습, 같이 산책하며 주고받는 사랑의 시선 등이 인간의 관점에서 생각하는 반려동물의 이상적인 이미지다.

하지만 그것은 반려동물이 가진 일부의 모습일 뿐이다. 추상을 즐길 수 있는 건 잠시일 뿐 곧 대부분의 시간을 육아와 맞먹는 관리와 지도, 훈육에 써야 한다. 추상만을 보고 사랑이라 착각한 자의 말로는 언제나 파멸이다.

반려동물뿐이랴. 우리는 연인에게도 같은 잘못을 저지른다. 지극히 개인적으로 생각하는 이상적인 이미지와 추상만을 훑어보고 사랑에 빠진 뒤 그 모습을 상대에게 기대한다. 그리고 기대했던 모습과 다른 상대의 모습을 보며 실망하고 기대를 채워주지 못한 상대를 탓한다.

어떤 여성의 손이 따뜻하다고 하여 마음도 온화한 것은 아니며, 주도력과 자신감이 넘치는 남성의 심리적 이면에는 오만함과 가학적인 태도가 숨겨져 있다. 자신감 넘치는 남자의 가학적 태도와 온화한 여자의 작고 따스한 손 아래에 숨겨진 낮은 자존감까지 사랑할 수 있는가? 그렇지 못하다면 당신은 멋대로 만개해 있는 꽃을 꺾었다가 잎이 지자마자 내다 버리는 가짜 식물애호가에 불과하다.

사랑의 르네상스는 언제 오는가

미술사에서 가장 확연한 대조를 이루는 개념은 '추상화'와 '정밀화'다. 추상화는 말 그대로 대상의 구체적인 형태나 현실적 재현이 아닌 단순화하거나 일반화하여 표현하는 미술 장르다. 색, 형태, 선 등의 단순한 요소만으로 세상을 뭉툭하게 표현한다. 추상화 기조는 낭만주의가 휩쓸고 간 이후인 20세기 초반에 두드러지게 나타났으며 대표적인 작가로는 파블로 피카소Pablo Picasso, 바실리 칸딘스키Wassily Kandinsky가 있다.

반대로 정밀화는 추상적 표현이 아닌 세부적인 묘사와

명확한 표현에 중점을 둔다. 이는 14~17세기 르네상스 시기에 크게 발전한 표현 기조다. 레오나르도 다 빈치Leonardo da Vinci, 미켈란젤로Michelangelo Buonarroti 등 르네상스 시기의 미술가들은 인체의 비례, 원근법, 실제적 묘사를 발전시키면서 세상을 정밀하고 정확하게 묘사하려 했다.

물론 대상을 '추상적으로' 표현하는 능력은 인간 고유의 능력이기도 하다. 신생대 제4기의 인간은 오래 걷고 달리면서 마주하는 변칙적 상황에서 개념의 시각화와 추상화 사고를 습득했다. 하지만 인간이 대상을 실제로 묘사하고 인식하는 능력의 발달 시기와 르네상스 시대의 문화, 예술, 과학, 철학의 괄목할 만한 부흥이 맞아떨어진다는 사실에 집중할 필요가 있다.

르네상스 시대에는 신 중심의 세계관에서 벗어나 인간의 가치와 가능성을 강조하는 인문주의가 도드라졌다. 개인의 독립성과 자유를 문화적으로 중시했던 최초의 시대라고도 볼 수 있다. 인간의 존엄성에 대한 연구와 미술에서의 사실적 표현, 해부학적 정확성을 기반으로 발달한 건축 기술의 부흥, 실험적 방법과 관찰에 기반한 과학적 사고의 발달이 동시에 이루어졌다.

물론 인류의 진보와 모든 사회, 문화, 과학적 발전들이 '추상적 호기심'에서 시작된다. '아마도 그렇지 않을까?' 같은 주관적 기대와 단순한 물음이 모든 위대한 일의 초석이기도 하다.

하지만 추상은 시작만을 책임질 뿐 과정을 책임지는 요소는 사실성과 세밀한 법칙들이다. '나는 대통령이 될 거야'라는 꿈은 지극히 추상적이지만 그 꿈을 이뤄주는 건 세부적인 목표인 것처럼 말이다. 우리가 논하는 주제인 사랑도 마찬가지다. 추상적 사고는 사랑에 빠지는 것만은 완벽하게 책임져 주지만, 오래도록 사랑을 유지해야 하는 사회적 인간으로서 일생일대의 과업에는 젬병이다.

사실 대상의 추상이 아닌 상대의 진짜 모습, 아름답고 영롱한 모습뿐만 아니라 더럽고 추악한 모습까지 사랑하자는 기조가 환영받았던 시대는 찾아보기 힘들다. 그 정도로 어려운 일이기 때문이다. 특히 추상화 기조가 유행했던 20세기 초반은 낭만주의가 영향을 주던 시기였기에 "불타는 열정이 없는 사랑은 사랑이 아니다"라는 생각이 당연하게 여겨졌다.

놀랍게도 사실적 묘사와 과학적 방법론이 부흥했던 르네상스 시대에도 '사랑의 사실적 묘사'와 '사랑의 과학'은 환영받지 못했다.

르네상스 시기에는 '궁정 사랑'이라는 개념이 널리 퍼져 있었는데, 이 개념은 상류층 남성이 자신의 지위를 높이기 위해 '이상화된 여성'에게 충성을 바치는 연애관을 말한다. 르네상스 시기를 풍미했던 문학과 예술에서도 사랑의 이상적인 모습, 추상적 사고가 지배했음을 알 수 있다. 시와 연극에서는 주로 로맨틱한 사랑 - 사랑과 연애에 대한 낭만적 이상 - 이 주로 등장했으며 셰익스피어를 포함한 많은 작가가 이러한 주제를 다뤘다. 그나마 다행이었던 것은 처음의 불타는 열정과 로맨스가 결혼의 주된 이유는 아니었다는 점이다.

결론적으로 르네상스 시대의 사람들도 사랑의 본모습보다는 '이상적인 모습'에 치중했으며 남녀가 서로를 대하는 모습도 같았다. 남자는 남자답지 못하면 남자가 아니고, 여성은 여성스럽지 못하면 여성 취급을 받지 못했다. 이는 공원 화단에서 꺾어온 아름다운 장미가 처음의 모습을 유지하지 못했다고 장미를 내다 버리고, 반려동물이 기대와는 다르게 응석둥이라 하여 책임을 저버리는 식으로 가볍게 사랑하는 현대인의 모습과 닮아있다. 르네상스^{Renaissance}는 찬란한 문화의 부활, 다시^{Re} + 태어남^{naissance}를 의미한다. 사랑의 르네상스는 언제쯤 오는가?

"대상에 대한 그릇된
기대와 환상은 특히 연인 관계에서
가장 큰 걸림돌이 된다.
이 세상의 모든 연인과 부부들에게
물어보고 싶다.

당신은 진짜 그 사람을
사랑하는 것인가,
아니면 개인적인 기대를 담아
조각한 어떤 조각상에
빠져있는 것인가?"

[참고하면 좋을 다니엘의 영상 콘텐츠]

연인을 떠나게 하는 사람들의 공통적인 특징

3장

사랑에 빠졌을 때 일어나는 두 번째 일, 침습

정우와 민지는 첫눈에 서로에게 반했기 때문에 그들의 첫 데이트의 성패는 이미 정해져 있었다고 볼 수 있었다. 정우는 소개팅 전날, 데이트 장소를 찾는 데만 꼬박 두 시간을 할애했다. 테이블 간격이 넓어 대화하기 편하고, 고급스러우면서도 너무 비싸지 않은 레스토랑을 예약하기 위해서였다.

민지 역시 상대 남성이 아무런 준비 없이 나올 최악의 상황에 대비해서, 혹은 좋은 계획을 세워 왔더라도 '개념 있는 여자'라는 좋은 인상을 주기 위해 괜찮은 식사 장소를 미리 찾아 두었다.

하지만 이런 철저한 준비성은 남녀가 '사랑에 빠지는 일'이라는 과업의 성패에는 생각만큼 큰 영향을 주지 못한다.

첫눈에 반한 두 사람에게 데이트 코스의 수준이나 공간 경험의 차이는 사사로운 일이다. 만약 저녁 식사를 고급 레스토랑이 아닌 오래된 백반집에서 했어도, '소탈한 경험'이라며 더 강렬한 감정을 느꼈을 것이다. 사람은 오랫동안 바랐던 간절한 기회를 얻었을 때 그 기회를 지키기 위해 자신의 편견을 바꾸기도 한다. 정우와 민지도 수십 번의 기계적인 만남 끝에 서로에게 강렬하게 끌리는 드문 기회를 얻었으니, 데이트 장소가 어떻든 서로의 매력을 섣불리 평가절하할 일은 없었을 테다.

사람이 가장 좋아하는 즐거움에는 일종의 불편함이 포함되어 있다. 그런 의미에서 정우와 민지는 아주 즐거운 시간을 보냈다. 서로 호감을 사기 위해 각자의 방법으로 안락함을 제공하려 노력했기에 편안한 분위기였지만, 동시에 설렘에서 오는 긴장감과 약간의 불편함이 공존하는 순간들이었다. 반반 치킨만큼 많은 사람을 만족시키는 메뉴가 없다.

오랜만에 청춘을 만끽한 두 사람은 변화가 지하철역 근처에서 헤어졌다. 사실 정우는 버스를 타야 했지만, 민지가 지하철을 타기 때문에 지하철역 앞까지만 함께 갔다. 마음으로는 집까지 데려다주고 싶었지만, 정우는 이런 상황에 제법 능숙한 남자였다. 무턱대고 집까지 데려다주면 민지가 부담을 느껴 일생일대의 기회를 놓칠 수 있다고 생각했다. 상대에게 부담을 주지 않으려는 합리적인 전략과 조금 더 같이 있고 싶은 본능적 욕구 사이의 적절한 타협점이 민지가 타야 할 지하철역 앞이었다.

사랑에 빠진 남녀의 첫 데이트 후 가장 흥미로운 시간은 헤어지고 나서 연락이 닿기 전까지의 순간이다. 물론 정우가 더 친절한 남자였다면 지하철역 앞에서 "연락할게요"라는 말을 남겨 민지를 안심시킬 수도 있었다. 하지만 정우는 친절한 안정성 대신 불친절한 매력을 택했다.

"오늘 즐거웠습니다. 조심히 들어가세요."
"저도요. 정우 씨도 조심히 들어가세요."

정우는 집에 가서 먼저 연락을 할 생각이었지만, 얼굴을 보며 바로 솔직하게 말하진 않았다. 그의 불친절한 선택으로 민지가 추가의 심리적 갈등을 겪게 될 확률이 높아졌다. 진화학적으로 여성들은 '헌신 회의 편향(남성의 호감 표시를 의심하며 평가하는 심리, 상대가 친절을 베푼다고 본인에게 호감이 있음을 확신하지 않는다)'의 지배를 받기 때문에 민지는 더욱더 긴가민가한 상태로 집에 돌아갈 것이다.

물론 보통의 여성들은 이런 상황에서의 불안감을 동성 친구와의 대화로 푼다. 민지는 집으로 돌아가는 60분 동안 친한 동성 친구와 오늘 느낀 세부적인 감정과, 데이트한 남자가 본인을 마음에 들어 하는지 열렬히 토론할 것이다. 관계에서 생기는 일거수일투족을 친구와 1시간 이상 대화를 나누고는 '나머지는 만나서 이야기하자'라는 말로 통화를 끝내는 여성들을 볼 때마다 '여성의 삶의 목적은 생존과 번식이 아니라 대화와 소통이 아닐까?'라는 생각이 든다.

일상을 무너지게 하는 사랑은 사랑이 아니다

정우는 첫 데이트 후, 치명적인 실수를 했다. 최근 사람의 마음을 밀고 당기는 기술을 가르쳐주는 연애 유튜버들의 콘텐츠에 심취한 나머지 민지에게 너무 늦게 연락을 하고 말았다. 아무리 늦어도 그날 밤에는 "편안한 밤 되세요. 내일 연락할게요" 정도의 메시지를 남겨야 했지만 정우는 다음 날 오후쯤에 연락했다.

적절한 기다림은 마음을 더 키우지만 기약 없는 기다림은 포기로 이어지기 쉽다. 민지는 밤새 정우의 연락을 기다리다 지쳐 잠이 들었고, 다음 날 아침에는 자신이 큰 실수를 한 건 아닌지 깊은 자아 성찰을 했다. 이제 그녀의 마음은 '인정과 포기' 단계에 다다른다. 상대가 자신에게 관심이 없음을 인정하고 포기에 가까워질 즈음, 정우에게서 연락이 왔다. 때는 오후 3시였다.

"민지 씨, 잘 잤어요?"

민지는 정우의 얄궂은 행동이 얄미운 나머지, 5시간 후에 답장하기로 결심했다. 무엇보다 여자로서 바로 답장하는 건 유쾌한 선택이 아니다. 연락만 목 빠지게 기다리고 있거나 할 일 없는 사람이 되고 싶은 여자는 없기 때문이다.

이 지점에서 비극이 시작된다. 정우와 민지 모두 서로에게 사랑에 빠져 한시라도 빨리 가까워지고 싶었지만 '내가 더 매력적으로 보이고 싶다'라는 욕심이 둘 사이를 가로막는다. 과한 욕심은 사랑이 아니라 오해를 키울 뿐이다.

정우와 민지는 모두 회사에서 촉망받는 직원이라 늘 일이 많지만 오늘은 도저히 일이 손에 잡히지 않는다. 상대가 자꾸 떠오르고, 오만 가지 생각이 머릿속에 가득 찼다. '분명 어제는 좋은 시간을 보냈는데, 상대는 왜 이렇게 늦게 연락하는 걸까?' 극도의 외로움이 온몸을 휘감는다. 원래 외로움이란 혼자 있어서 느끼는 감정이 아니다. 누군가와 함께 있지만 정신적으로 연결되어 있지 않을 때 더 강하게 느끼는 감정이다.

민지가 오후 9시에 답장을 보낼 때까지 두 사람 모두 회사에서 해야 할 일을 제대로 끝내지 못했다. 퇴근 후 즐기던 취미 생활도 뒷전으로 미룬 채 침대에서 늘어진 자세로 시간을 흘려보냈다.

서로에게 가치 있는 사람으로 보이고 싶다는 욕심 때문에 각자의 일상이 무너져 버린 것이다. 물론, 매력적으로 보이고 싶은 마음에서 오는 초반의 불협화음, 기다림으로 인한 초조함, 끊임없는 걱정으로 무너지는 일상은 누구나 겪는 흔한 일이다. 그러나 강렬한 감정과 상대에 대한 불안감 때문에 일상이 무너지는 것은 사랑에 빠지는 과정일 뿐, 진정으로 '사랑을 하는 것Being in Love'에는 전혀 도움이 되지 않는다.

에리히 프롬은 사랑을 유지하는 요건 중 하나로 '존중'을 꼽는다. 존중이란 나와 상대가 독립적인 인격으로서 성장하기를 바라는 마음이자 태도다. 그러나 사랑에 빠진 남녀는 상대를 존중하지 않게 되고, 나 자신조차 존중하지 못하는 불건전한 상태에 빠지기 쉽다.

민지는 정우의 일상을 존중하지 않았다. 만약 그의 일상과 성장을 존중했다면 연락이 늦게 오더라도 걱정에 잠을 설쳐 가며 괴로워하지 않았을 것이다. 정우가 집에 돌아가자마자 운동하고, 씻고, 바로 취침하는 사람일 수도 있는일 아닌가. 물론 정우는 그 정도로 자기계발에 진심인 사람이 아니었지만, 그런 사람이었다 하더라도 민지는 같은 반응을 보였을 것이다. 사랑에 빠져 상대의 일상을 존중하기보다 자신의 감정과 욕심이 더 중요한 아이 같은 사람이 되어버린 것이다.

정우도 마찬가지다. 만약 민지의 일상과 성장을 존중했다면, 오후 3시에 연락을 보낸 후 답장이 올 때까지 마음 편히 업무에 집중할 수 있었을 것이다. 민지에게 특별히 업무가 많아 저녁 11시까지 야근할 수도 있지 않은가. 사랑에 빠진 남녀는 상대뿐만 아니라 자기 자신조차 제대로 존중하지 못한다. 사랑을 유지하기 위한 조건인 '존중'은 상대뿐만 아니라 나 자신의 성장과 인격을 존중하는 마음이기도 하다. 사랑에 빠져 자신이 할 일들을 뒷전으로 하고 쉽게 일상을 무너뜨리는 행동은 사랑을 꾸준히 유지하기 위한 바람직한 태도가 아니다.

하지만 사랑에 깊이 빠진 많은 남녀가 상대의 마음을 얻기 위해 자기 자신과 일상을 잃어버리고 상대에게만 집중하곤 한다. 자신의 성장을 등한시하고 상대에게만 매달리는 사람은 스스로를 존중하지 않는 사람일뿐더러, 결과적으로 상대를 존중하지 않는 사람이다. 진정으로 사랑하기 위해서는 상대의 일상과 성장뿐만 아니라 자신의 일상과 성장도 함께 존중할 수 있어야 한다.

사귀고 나서 '변했다'라는 말을 빨리하게 될수록 좋은 이유

남녀 심리에 관한 주요 강연 주제 중 하나는 '연애 초와 달라진 남자의 무심한 모습'이다. 사귀기 전과 연애 초기에는 그렇게 다정하고 섬세하던 남자가 시간이 얼마 지나지 않았는데도 다른 사람처럼 변해버려 서운하다는 여성이 많다. 남성의 태도 변화 앞에서 여자가 느끼는 좌절감은 "오빠, 변했어"라는 다섯 단어로 일축할 수 있다. 그러나 오히려 남자의 태도가 빨리 변할수록 그는 '건전한 오빠'일 가능성이 높다. 이성에 대한 지나친 친절과 몰두는 관계의 장기적인 안정성에 도움이 되지 않기 때문이다.

연애 초기, 사랑에 빠진 남녀는 필연적으로 서로에게 강렬한 집중과 몰두를 보인다. 하지만 생물인류학자 헬렌 피셔Helen Fisher의 저서 『왜 사람은 바람을 피우고 싶어할까The Anatomy of Love』에 따르면, 이와 같은 초기 로맨틱한 관계의 유효기간은 약 3년이다. 피셔는 남녀가 서로에게 헌신하고 몰두하다가 다시 평범한 일상으로 돌아가는 과정에는 진화적 이유가 있다고 설명한다. 사랑의 단계가 진화적으로 프로그래밍되어 있다는 것이다. 그러므로 인간은 일종의 '사랑 기계'다.

진화론적 관점에서 인간 생의 목적은 생존과 번식, DNA의 영생에 있다. 생존과 번식, DNA의 영생을 위해 암컷과 수컷은 짝짓기를 하고, 자식을 잉태해 오랜 시간 양육하고 건강하게 키워야 우리의 목적을 완벽히 달성할 수 있다. 이를 위해 우리의 뇌는 연애 초기 1~3년 동안 남녀를 평소보다 더 로맨틱하게 만든다. 서로 강하게 끌려야 짧은 시간 동안 최대한 많은 짝짓기를 통해 번식에 성공할 수 있기 때문이다.

하지만 이 로맨틱한 감정이 너무 지속되어 남녀가 성관계에만 몰두한다면 자식을 건강하게 양육하기 어렵다. 특히 인간은 영장류 중에서도 자식을 키우는 데에 가장 많은 부양 투자가 필요한 종이다. 서른 살이 되어도 부모가 자식에게 보약을 챙겨줄 정도로 자식을 키우는 데에 많은 에너지와 관심을 쏟는 동물은 인간 말고 지구상에서 찾아보기 힘들다.

아이의 성공적인 양육과 부양을 위해, 우리의 뇌는 남녀가 사랑에 빠진 지 3년 정도 지나면 로맨틱한 태도를 소실시키도록 설계되어 있다. 가령 한 남성이 오랜 시간 사랑에 빠져 업무를 등한시한 채 데이트와 성관계에만 집중한다면, 가정을 책임지는 아버지로서의 능력이 저하될 것이다. 장기적인 애착 관계를 유지하고 자식을 건강하게 키우기 위해서는 로맨틱한 태도보다 현실적인 판단과 개인적인 과업에 대한 책임감이 훨씬 중요하다.

그런데 어떤 여성은 회사에서 8시간 일하고, 왕복 2시간이 걸리는 거리를 왔다 갔다 하며 자신을 매일 보러 오는 남자를 보고 '이 남자는 정말 좋은 남자야. 결혼해야겠어'라고 섣부른 판단을 한다. 사회심리학자와 인류학자, 진화 심리학자들의 견해를 종합해 보면 오히려 이런 남자가 가장 위험한 남자일 수 있다. 만약 이 시대가 아닌 구석기 시대였다면, 데이트와 성관계에만 정신이 팔려 자기 성장은 뒷전인 남자는 가족을 굶겨 죽일 가능성이 높은 남자이기 때문이다.

　대중적인 접근을 위해 남자의 예를 들었지만, 이는 남녀 모두에게 적용된다. 초기의 로맨틱한 감정으로 일상이 무너지는 것은 개인적인 성장에 부정적인 영향을 주어 장기적인 관계에 도움이 되지 않는다. 사랑에 빠져도 자신의 일상과 과업을 유지할 수 있는 사람이야말로 사랑할 준비가 된 사람이다. 이게 욕심이라면 초기에 로맨틱해지더라도 가능한 한 빨리 자신의 일상으로 돌아올 수 있는 사람, "오빠, 변했어"라는 말을 최대한 빨리하게 하는 사람이 장기적으로 좋은 파트너가 될 가능성이 높다.

　우리가 관계에서 진정으로 두려워해야 할 점은 상대가 로맨틱하지 않음이 아니라 '개인적 일상의 무너짐'이다. 각자의 일상이 무너진다는 의미는 관계 당사자가 개인적으로 성장하지 못한다는 뜻이며, 개인적인 성장이 없다면 두 사람의 관계도 더 이상 발전할 수 없다고 귀결된다.

"사랑에 깊이 빠진
많은 남녀가 상대의 마음을 얻기 위해
자기 자신과 일상을 잃어버리고
상대에게만 집중하곤 한다.
자신의 성장을 등한시하고 상대에게만
매달리는 사람은 스스로를 존중하지 않는

사람일뿐더러, 결과적으로 상대를
존중하지 않는 사람이다.
진정으로 사랑하기 위해서는
상대의 일상과 성장뿐만 아니라
자신의 일상과 성장도 함께
존중할 수 있어야 한다."

[참고하면 좋을 다니엘의 영상 콘텐츠]

겉으로는 좋은 사람 같지만 속은 위험한 사람

4장

사랑에 빠졌을 때 일어나는 세 번째 일, 소유욕

정우와 민지는 우여곡절 끝에 교제를 시작했다. 현대인의 사랑을 관리하는 헌법이 있다면 제10장 정도에 있을 것 같은 '첫눈에 반했어도 정식 교제에 대한 협약은 3회 데이트 이후 맺을 수 있다' 법칙에 따라서 말이다.

정우와 민지도 세 번의 데이트 후 '사귀자'라는 일생일대의 언약을 맺었다. 인간이 이런 추가 절차에 유독 집착하는 이유는 다른 동물에 비해 의미 부여를 좋아하기 때문이다. 인간도 영장류의 한 종류로서 침팬지, 보노보의 행태와 크게 다를 바 없는 모습으로 짝짓기를 하지만 인간은 그런 단순함을 극도로 싫어한다. 덕분에 다른 포유류에 비해 뇌의 크기가 약 7배 크게 진화했다.

인간은 커다란 뇌를 활용하여 우리의 만남은 특별하며 고귀하다는 의미 부여도 쉽게 한다. 그래서 만남 당일에 일어나는 성관계나 교제는 너무 가볍게 느껴진다. 클럽에서 만나 결혼에 골인한 부부도 대외적으로는 도서관에서 같이 공부하다가 만났다는 뻔한 거짓을 고하는 이유도 이와 같다.

하지만 인류 생태학자 칼 필레머Karl Pillemer와 코넬대학교

연구팀에 따르면 결혼 생활의 온전한 유지에 가장 중요한 변수는 첫 만남 장소가 아니라 핵심 가치관의 공유다. 도서관에서 만났지만 자식 교육에 대한 가치관이 다른 부부보다 클럽에서 만났지만 '매달 한 번은 가족끼리 재미있는 활동을 해야 한다'는 가치관을 공유하는 부부가 훨씬 더 행복하게 잘 산다.

정우와 민지는 오랜 기다림을 거쳐 서로에게 닿은 만큼 간절하다. 알고 지낸 지 고작 3주, 번화가 후열에서의 소개팅, 데이트 3회라는 매우 보편적인 절차를 거쳐 만났지만 서로를 특별하게 여기며 이 특별함이 오래갔으면 한다. 특별한 관계를 잘 유지하기 위해서는 가치관을 공유해야 한다. 하지만 이 둘은 안타깝게도 연애 초부터 다른 가치관으로 충돌하기 시작했다.

유년기의 기억이 우리에게 미치는 영향

정우는 엄한 원칙주의자 아버지와 애정 표현이 가득하며 포용적인 어머니 사이에서 자란 막내아들이다. 유독 말썽꾸러기였던 정우는 아버지에게 자주 혼났지만 어머니는 모든 잘못을 포용했다.

 민지는 나이 차이가 크게 나는 두 명의 남동생이 있으며 어린 시절 할머니와 많은 시간을 보냈다. 부모님이 맞벌이를 하느라 바빠서 남동생과 할머니를 대신 챙겨야 했기에 자신의 몫을 챙기기보다 타인을 배려하고 양보하며 사랑을 익혔다.

 정신분석학자들은 유년기와 사랑의 상관관계에 대한 중요한 통찰을 강조했다. 유년기에 가까운 사람과 주고받았던 사랑의 방식을 성인이 되어서도 답습하기 때문이다.

 정우와 민지도 예외는 아니다. 정우에게 남자의 사랑이란 원칙주의다. 남자란 자신의 원칙과 신념을 굳게 믿으며 아무리 사랑하는 사람이라도 자신의 원칙에 위배되면 상대의 성장과 우리의 관계를 위해 이성적으로 대응해야 한다. 이는 아버지가 정우에게 준 사랑의 방식과 동일하다. 정우가 생각하는 이상적인 여자란 자신의 장점과 단점 모두를 수용해 주는 부드러운 여자다. 어린 시절부터 오랜 기간 모든 것을 품어줬던 어머니처럼 말이다. 정우의 예측 불가능한 말과 행동을 모두 받아주는 포용적인 어머니가 있었기에 정우는 자신이 원하는 것을 자신 있게 말할 줄 안다.

민지에게 사랑이란 그저 맞춰주고 배려하는 것이다. 아이들은 부모의 생각보다 영리하다. 부모가 자신의 요구를 들어줄 여유가 없어 보이면 자신의 욕구를 감춘다. 민지 또한 그랬다. 자신이 원하는 점을 말하거나 의견을 내면 바쁜 부모님이 힘들어할 걸 알았기 때문에 부모에게 무조건적인 사랑과 수용을 받아야 할 나이에 그러지 못했다. 대신 동생과 할머니에게 자신의 사랑을 주면서 아쉬운 마음을 달랬다. 민지는 여전히 유년기의 그림자에서 벗어나지 못한 채 낯선 상대와 친해질 때는 무조건 맞춰주는 방식으로 관계를 유지한다.

정우와 민지가 처음으로 충돌하게 된 계기를 살펴보면, 그들의 각기 다른 사랑 방식을 더 깊게 알 수 있다. 정우와 민지가 첫 키스를 하기 전부터 첫 싸움을 하게 된 이유는 연락 문제다. 정우는 연락을 자주 하는 걸 선호하지 않았고 개인적인 생활을 사사건건 공유하는 걸 꺼렸다.

반대로 민지는 잦은 연락과 깊은 연결감을 원했다. 민지는 친밀한 사람과의 안정감을 원한다. 그래서 정우를 최대한 자주 만나길 원했고, 만나지 못한다면 연락을 자주 해서라도 긴밀함을 느끼길 원했다. 민지는 부모님과 깊은 애착을 갖지 못했기에 동생들과 할머니와 가까이 지내는 시간이 매우 소중했다. 그래서 남동생들이 너무 늦게 들어오거나 할머니가 집을 비우면 항상 불안했다.

늘 다정한 민지도 분노할 때가 있었는데, 남동생들이 어떠한 언질도 없이 외출하는 경우다. 어린 민지는 남동생과 할머니의 세부적인 일상과 행동반경을 모두 꿰고 있어야 비로소 안정감을 느꼈다. 이런 상처와 성향은 여전히 민지의 사랑 회로를 지배하고 있다.

정우는 친밀한 사람과의 충분한 거리감을 원한다. 사적인 취미, 개인적인 생활이 충분히 보장되는 선에서 만나고 연락하길 원했다. 정우가 가장 싫어하는 행동은 누군가가 자신의 삶과 경계선을 침범하는 것이다. 정우가 이런 성향을 갖게 된 이유는 아버지의 사랑 방식에 있었다. 아버지는 정우가 독립적이고 강한 남자로 자라길 원했다. 정우가 어린아이이기에 가질 수밖에 없는 철없는 감정이나 요구도 모두 거부하고 꾸짖었으며 빠른 교정을 원했다. 양육자가 아이의 감정이나 요구를 모두 무시하면 아이는 친밀한 사람과도 거리를 두는 방식으로 관계를 맺는다.

애착 유형이 사랑에 미치는 영향

사랑에 대한 가장 대중적인 이론 중 하나인 애착 유형 이론에 따르면 민지는 전형적인 불안 애착 유형이며 정우는 회피 애착 유형이다. 애착 유형은 사랑을 할 때 발동되는 일종의 인간관계 소프트웨어다.

안정 애착 유형을 가진 사람들은 대상과 상관없이 어렵지 않게 관계를 만들어 나가는 사람들이다. 이들 또한 맞지 않는 상대를 만나곤 하지만, 관계가 깊어져 큰 상처를 입기 전에 지혜롭게 끊어내는 능력을 가지고 있다.

불안 애착 유형을 가진 사람들은 상대방이 자신을 떠날까 너무 불안한 나머지 상대를 완벽히 소유하거나 통제하려고 애쓴다. 사랑하는 사람을 만나면 연애가 1순위가 되며 상대와 가까워지기 위해 수단과 방법을 가리지 않는다. '저 사람은 언제 떠날지 몰라'라는 생각에 공포감을 느끼기 때문이다.

회피 애착 유형을 가진 사람들은 관계에서 생길 수 있는 문제나 위기를 직면하지 못하고 회피하려 애쓴다. 그래서 가까운 사람들과 갈등이 생기면 진실한 소통을 하기보다 상대와 거리를 두면서 상황을 회피하려고 한다. 이들은 내가 사랑을 줬는데 그만큼 보답받지 못하는 경우 재빨리 뒤돌아서며 덜 사랑하려고 노력하는 기회주의적인 면모도 있다.

물론 애착 유형은 절대 바꿀 수 없는 낙인이 아니다. 노력으로 충분히 바뀔 수 있다. 한 가지 반가운 사실은 안정 애착 유형을 가진 사람은 '완충 효과'가 있다. 연애 상대방 중 한 명만 안정 애착 유형이 되어도 관계를 안정적으로 유지할 수 있다는 뜻이다.

안타깝게도 정우와 민지는 첫 갈등에서 원래의 관성을 택했다. 정우는 민지에게 자신의 원칙을 강요했으며, 민지는 정우의 원칙에 어떤 반항도 없이 복종했다. 민지가 저항 없이 복종한 행동의 이면에는 소중한 정우를 잃을 수 있다는 불안한 마음과 이렇게라도 정우를 붙들어놓고 싶은 소유욕이 있었다. 정우는 민지가 자신의 원칙을 따르지 않을 경우 바로 이별을 통보할 결의를 다지고 있었다.

사랑이라고 생각하기 쉽지만 사랑이 아닌 것들

정우와 민지는 명백하게 미성숙한 사랑을 하고 있다. 에리히 프롬은 인간과 사랑의 성격을 크게 두 가지로 나누어 설명한다. 하나는 비생산적 성격으로 미숙한 사랑의 형태를 낳는 유형이다. 또 다른 하나는 생산적 성격으로 진정으로 성숙한 사랑을 끌어내는 유형을 말한다. 이어서 프롬은 비생산적인 성격의 사랑을 지배형, 복종형, 소유형, 시장교환형의 네 가지 갈래로 세분화하여 설명한다.

지배형 사랑은 상대를 자신의 권력과 심리적 우위로 지배하고 조종하며, 그로부터 이익을 착취하려는 사디스트적(가학적)인 방식으로 하는 사랑을 말한다.

복종형 사랑은 상대에게 절대적으로 복종하려는 경향을 보이는 사랑으로, 자기희생적이고 마조히스트적(피학적)인 면모를 보인다.

소유형 사랑은 상대의 모든 것을 알고 완벽하게 소유하는 데서 안정감을 느끼며, 소유를 통한 관계의 안정성만을 추구하는 사랑 방식이다. 소유형 사랑을 하는 사람은 상대를 자기만의 금고에 보관하고 싶어 한다.

시장교환형 사랑은 철저히 자본주의의 교환 원리에 기반한 관계를 지향한다. 상대가 제공하는 만큼만 주고, 손해를 보거나 상처를 받게 될 경우 바로 관계를 정리하는 모습을 보인다.

안타까운 사실이 있다. 정우와 민지는 아주 사소한 연락 문제, 연애 초의 흔한 다툼을 가장 비생산적이고 미성숙한 네 가지 성격의 사랑 방식으로 해결했다는 것이다. 이런 부류의 해결은 단기적으로는 쉽게 느껴지고 달콤하지만 장기적으로는 스스로와 우리의 관계를 파괴한다. 앞으로도 같은 방식으로 문제를 해결한다면 이들의 사랑은 파국으로 끝날 가능성이 농후하다.

명령하는 자와 복종하는 자

에리히 프롬은 『사랑의 기술』에서 '공서적 합일'에 대해 설명한다. 공서적 합일의 사전적인 정의는 '공적인 서약이나 계약을 통해 서로가 하나됨'을 의미한다. 하지만 프롬이 말하는 공서적 합일은 서로의 개성이 훼손된 채 서로에게 의지하기만 하는 속 빈 강정 같은 사랑이다.

공서적 합일은 수동적 형태와 능동적 형태로 다시 나뉜다. 수동적 공서적 합일은 '복종형 사랑'을 말한다. 사랑하는 사람과 멀어질까 봐 자신의 주관과 개성을 모두 버린 채 상대에게 복종하는 방식으로 연결감을 유지한다. 능동적 공서적 합일은 전형적인 '지배형 사랑'이다. 심리적 우월감을 이용해 상대를 내가 원하는 사람으로 바꾸며 타인의 개성을 훼손하는 행동에 거리낌이 없다. 상대를 나에게 철저히 복종시키면서 일치감을 느낀다.

프롬은 수동적 공서적 합일을 지향하는 사람과 능동적 공서적 합일을 지향하는 사람은 - 마조히즘과 사디즘은 - 상호 보완적이라고 말한다. 그리고 겉으로는 남자답고 이상적인 남성과 여성스럽고 이상적인 여성의 아름다운 결합으로 보일 수 있지만 사실은 서로를 파괴하는 공허한 사랑의 결합이다. 진정으로 성숙한 사랑이란, 관계 당사자의 개성과 주관을 유지한 상태로 합쳐지는 사랑이기 때문이다. 쉽게 말해 사랑을 위해 누군가가 자기다움을 완전히 잃어야 한다면 그것은 진정한 의미의 사랑이 아니다.

소유에 미친 현대인들

한국 청년들의 혼인율과 출산율은 말할 것도 없고 심지어 연애율도 계속 내림세다. 이 문제에 대해 많은 전문가가 그럴듯한 원인을 내놓는다. 보통은 경제적인 문제 혹은 사회 구조적인 문제를 주된 원인으로 주목한다. 하지만 이러한 해석은 그저 결과론적인 사후 합리화, 겉핥기식 분석에 불과할 뿐이다. 본질적인 문제는 따로 있다. 현대인들이 인간관계 자체를 잘못하기 때문이다.

자연을 벗 삼아 떠돌아다니던 인류는 약 1만 년 전, 신석기 혁명을 통해 농업과 가축 사육이 도입되면서 정착 생활을 시작했다. 이때부터 잉여 생산물이 생기면서 개별 소유의 개념이 생겼다. 자신의 재산을 보호하고 늘리려는 욕망이 생겼으며, 이 과정에서 사유 재산과 소유의 개념이 본격적으로 자리 잡았다. 물론 일부 현대 심리학 연구에 따르면 매우 불안정한 환경에서는 물질을 축적하고 소유함으로써 개인의 안정감을 유지해 주는 효과가 있다.

문제는 우리가 사람마저 소유하려고 한다는 점이다. 물질뿐만 아니라 인간 존재의 개념 또한 소유의 범주로 이동

했다. 보통 상대방의 연애 여부를 물어볼 때 "너 애인 있어(Do you have a lover)?"라는 질문을 한다. 파고들면 굉장히 어색한 표현이다. 인간은 사랑을 가지는(Have) 것이 아니라 사랑을 하도록(Do) 설계되었기 때문이다. 사람은 사람과 함께할 수 있을 뿐 사람을 가질 수는 없다. 사랑하는 사람과 포옹할 때의 충만한 느낌을 받을 뿐이지, 그 사람이 내 금고에 갇혀 있다고 하여 행복감을 느끼는 게 아닌 것처럼 말이다.

요즘은 사랑하고 있는 상태나 함께하고 있는 느낌, 그 자체보다 남자친구나 애인을 '가졌는지'가 중요한 화제가 되어버렸다. 사랑을 하는 능동적 상태보다 사랑을 통해 무엇을 소유할 수 있는지에 집중하는 모습이 만연해 있다. 온라인 공간에서 사람들은 사랑함으로써 획득하는 소유물을 비교하며 자랑하고 이야기한다.

> "애인이 10만 원짜리 반지를 선물했는데, 이게 내 가치인 것 같아 속상해요", "100만 원짜리 프러포즈 반지, 이 결혼 해야 하는 건가요?"

이렇듯 대중이 관심을 두고 열띠게 논의하는 주제는 사

랑이 아니라 모두 소유에 관한 이야기다. 결혼식 비용, 애인의 자산, 그저 사랑을 빙자해 소유하고 싶은 대상을 나열하고 있을 뿐이다. 사랑, 연애, 결혼을 이야기한다고 생각하지만 그것은 사랑에 대한 이야기가 아닌, 무엇을 더 소유하고 싶은지에 대한 욕망만을 보여준다.

인간은 차와 집, 직업을 넘어서 이제는 사랑과 사람마저도 소유의 대상으로 삼으려 한다. 우리는 소유에 몰두할 뿐 사랑의 진정한 의미와 '사랑하는 것'에는 무관심하다.

원주민이 도시인보다 행복하게 사는 이유

소유는 인간이 만들어 낸 허상의 개념이다. 어떤 대상을 소유한다는 개념은 사회 체제, 구조의 유지와 발전을 위해 만들어진 개념일 뿐, 인간이 자연스럽게 관계를 맺으면서 행복을 얻는 일과는 아무 관련이 없다. 많은 사람이 100억짜리 건물을 가지면 행복해질 거라고 생각하지만, 자연의 법칙은 그렇지 않다.

가난한 자가 100억짜리 건물을 소유한다고 어제 먹었던 초콜릿 맛이 더 달콤해지는가? 초콜릿을 더 달콤하게 먹는 방법은 10km 달리기를 해서 몸을 더 허기지게 만드는 방법뿐이다. 인간은 소유(Have)가 아니라 무언가를 행함으로써(Do) 행복을 느낀다. 소유를 확보함으로써 얻는 행복에는 명백히 한계가 있다.

사람도 마찬가지다. 내가 원하는 사람을 완전히 소유해서 조종하게 되면, 상대가 나에게 완전히 귀속되면 그제야 안정과 행복을 느낄까? 전혀 그렇지 않다. 모두 스스로 만들어낸 과대망상이자 허상의 개념이다. 사랑하는 이와 손을 잡고, 서로 껴안으며 체온을 깊이 공유할 때의 그 기쁨만이 진정으로 실체가 있는 행복이다. 이런 기쁨은 상대와 굳이 '사귀자'라는 계약을 맺지 않아도, 비싼 결혼식을 하지 않아도 누릴 수 있는 기쁨이다.

행복은 '무언가를 소유하면'이라는 특정 조건을 충족했을 때 누릴 수 있는 게 아니라 그냥 일상에서 자연스럽게 일어나는 현상이다. 제국주의 국가들이 원주민 대륙에 침입해서 원주민에게 땅의 소유권을 넘기는 계약 서류에 서명하도록 종이를 내밀었을 때, 원주민들은 계약의 내용을 전혀 이해하지 못했다. 원주민들에게 토지는 소유의 대상이 아니었기 때문이다. 오히려 인간이 토지와 자연의 일부로서 함께 존재하는 것이라고 생각하며 살았다.

그들에게는 자연도, 사람도 소유하지 않고 일부분으로 함께 존재하는 것이 진정한 삶의 방식이었다. 그리고 이것이 인간이 행복을 느끼는 자연스러운 존재 방식이며, 우리가 아무리 천문학적인 자산을 가져도 사람의 따뜻한 손길 없이는 행복해질 수 없고, 상대를 나에게 귀속시키기 위해 집착할수록 불행해지는 이유다. 인간은 어떤 대상도 소유할 수 없으며, 이룰 수 없는 존재에 욕심낼수록 불행해지는 결과는 당연한 이치다.

'집에만 있는 잘생긴 남자가 좋아요'라고 말하는 여성들의 불편한 진실

최근 들어 잘생긴 초식남, 잘생긴 집돌이, 말 잘 듣는 남성상을 원한다는 여성들이 눈에 띄게 많아졌다. 이 또한 에리히 프롬이 말하는 **소유형 사랑**이다. 소유물에 대한 집착, 사람의 상품화가 지배한 현대 사회의 일면을 적나라하게 보여준다.

사람의 상품화는 고대 사회의 사유 재산의 등장과 더불어 시작되고 확장되어 온 개념일지도 모른다. 남성이 여성을 인격으로서 존중하기보다 하나의 상품으로 여기는 행태는 역사적으로 오래되었다. 로마 제국에서도 여성은 남성의 법적 소유물로 여겨졌으며, 결혼 계약을 통해 남편이 아내를 지배할 수 있는 권리가 있었다. 중세 유럽의 봉건제 사회에서는 교회 권력이 남성이 여성을 소유물로 여기도록 정당화했고, 인본주의가 발달한 르네상스와 계몽주의 시대에서도 별반 다르지 않았다.

정말 슬프게도 현대에 들어서는 여성들마저 남성을 소유물로 인식하기 시작했다. 예컨대 신화학의 관점에서 여성의 영웅 서사, 즉 여성이 성장하는 과정은 길들여지지 않는 남자를 길들이는 과정으로 그려진다. 「미녀와 야수」를 보면 지혜로운 여성이 멀게만 느껴졌던 낯선 타자를 우리로 만드는 영웅 서사를 살펴볼 수 있다.

하지만 많은 현대 여성이 낯선 타자와 가까워지기 위한 당연한 과정을 성가시다고 여긴다. 영웅의 여정을 겪고자 하지 않는 것이다. 잘생기고 잘난 남자가 집에만 있으면서 내 소유물이 되길 원한다. 이는 사랑의 과정에서 필연적으로 수반되는 서로에 대한 이해를 외면하고 그저 내 소유욕과 허영심을 채워줄 명품이 진열대에 알아서 비치되길 원하는 유아기적 심리다.

관계는 너와 내가 만나 우리가 되어가는 아름다운 영웅 서사다. 그런데 네가 내 것이 되는 순간, 우리가 될 타자는 상실되며 결국 함께 할 우리도 없어진다. 당신은 사람과 사랑을 가지는(Have) 사람인가, 하는(Do) 사람인가?

시장 교환 시스템, 시장 관계 시스템

시장 교환 시스템은 고대 인류의 물물 교환 시스템에서 시작되어, 시간이 흐르면서 점차 체계화된 화폐 기반의 경제 시스템으로 발전했다. 초기 수렵, 채집 사회에서는 공동체 내에서 필요한 자원을 공유하는 상호 호혜적 시스템으로도 충분했기에 교환 시스템이 발달하지 않았다.

하지만, 사회의 규모가 커지고 잉여 생산물이 생기면서 시장 교환 시스템이 시작되었다. 정교하지 않은 교환 시스템을 보완하기 위해 고대 문명에서부터 화폐 개념이 도입되었고, 고대 그리스와 로마 제국에서는 상업 활동이 괄목할 만하게 발달해 상인 계급이 생겨났다.

중세 유럽에서는 도시가 성장하면서 상인과 장인들이 '길드'를 형성하여 교환과 거래 규칙을 제정하고 보호했다. 상업 활동이 더욱 정교화되었으며 국제 무역을 통한 교환도 활발해졌다. 산업 혁명 이후 자본주의가 확립되면서 시장 교환 시스템은 현대 불변의 경제 시스템으로 자리 잡았다.

시장 교환 시스템이 거대 사회를 순환시키는 불변의 시스템으로 정착하면서 '인간관계'에서도 같은 시스템이 적용되기 시작했다. 이에 영향을 받은 많은 현대인이 비생산적인 성격의 사랑을 한다. 바로 시장교환형 사랑이다.

시장교환형 사랑은 철저히 자본주의의 교환 원리에 기반한 관계를 지향하는 사랑이다. 상대가 제공하는 만큼만 주고, 손해를 보거나 상처를 받게 될 경우 바로 관계를 정리하는 기회주의적인 모습을 보인다.

누굴 만나도 불행한 연애, 결혼 생활을 하는 사람들의 특징

이혼 전문 변호사들의 경험에 따르면 이혼하는 부부들이 많이 주고받는 대화가 이런 내용이라고 한다. "이번 명절 때 시댁 갔을 때보다 친가에 갔을 때 기름값이 더 들었어. 그러니까 기름값은 당신이 더 내", "이번 주에 내가 당신보다 설거지 더 했어. 이건 불공평해", "왜 내가 더 육아를 많이 해야 해요? 너무 억울합니다!"

이는 전형적인 시장교환형 사랑이며, 이혼과 결별로 이어질 수밖에 없는 이유는 해당 사랑의 방식이 전형적으로 비생산적이고 저열한 사랑의 방식이기 때문이다. 시장 교환 시스템은 자본주의 사회 체제를 '효율적으로' 유지하기 위한 시스템이다. 그런데 신뢰를 기반한 관계는 효율을 택한다고 이루어지지 않는다.

"나는 잘 맞는 사람들한테는 진짜 잘하는데, 아닌 사람은 신경도 안 써."

관계를 효율적인 교환 시스템으로만 유지하려는 사람들이 자주 하는 말 중 하나다. 이 말의 뜻을 파고들어 보면 이들이 굉장히 미성숙하다는 사실을 알 수 있다. 사실 저 말은 누구에게나 통용되는 당연한 말이다. 누구나 친한 사람에게 더 잘해 주며, 낯선 사람에게는 에너지를 덜 쓴다.

저 당연한 말을 굳이 강조하는 이유는 지극히 이기적인

마음으로, 효율적으로 관계를 관리하고 싶은 욕심 때문이다. 호불호를 강하게 주장하면 흑과 백, 네 편과 내 편이 공고해진다. 이를 통해 관계를 유지하기 위해 들여야 할 에너지와 노력을 최소화할 수 있다. 또한 '내 친절을 받고 싶으면 알아서 잘하라'는 권력관계를 만들고자 하는 가학적 의미도 들어있다. 무엇보다 이들은 진실을 직면하지 못하고 있다.

사실 인간관계는 '나랑 한 번 친해지면 백색이고, 멀어지면 영원히 흑색이다' 같은 단순한 흑백논리로 설명할 수 있는 게 아니다. 그래서 손 하나 까딱 안 하면서, 어떤 고통이나 상처 없이 좋은 관계를 꾸준히 유지할 방법은 없다.

관계를 항해하는 배로 비유해 보자. 아무리 튼튼한 배여도, 즉 아무리 친하고 단단했던 관계라도 망망대해에서 침몰하지 않기 위해서는 선원 모두가 심혈을 기울여 중심을 잡는 노력이 필요하다. 서로 교대하면서 거친 파도를 지켜봐야 하고 해풍에 구멍 나기 쉬운 배를 수리하는 부지런함도 있어야 한다. 그러면서도 동시에 노를 저어야 한다.

절대 침몰하지 않는 엄청난 배, 타이타닉 Titanic은 없다. 목적지에 안전하게 다다르려면 적절하게 속도를 유지하고, 거대 빙산을 예측하려는 매 순간의 노력이 필요하다. 배의 안위는 선원의 의지와 노력에 달려있다. 관계 또한 회색지대에서 영원히 표류할 수밖에 없기에 알아서 굴러가는 '효율적인 시스템'을 바라는 순간, 결국 침몰할 수밖에 없다.

진짜 소중한 가치를 얻기 위해서는 효율이 아니라 비효율을 택해야 한다. 모든 위대한 일들은 효율만을 중시한 기회주의자들이 아닌 비효율을 택한 우직한 사람들에 의해 이루어졌다. 관계도 마찬가지다. 영원히 안전하거나, 무한히 서로를 파괴하는 관계는 없다. 우리의 삶과 모든 관계는 영원히 회색 구역에서 표류한다.

사랑은 관계 당사자가 매 순간 얼마나 의지를 갖고 노력을 하는지에 따라 순백의 아름다운 이야기가 될 수도, 암흑의 파멸 서사가 될 수도 있다. 모두 우리 손에 달렸다. 서로가 개인적인 안일함을 지향할수록 우리의 관계는 침몰할 것이다.

누구를 만나도 행복한 연애, 결혼 생활을 하는 사람들의 특징

시장 교환 시스템을 기반으로 '효율적 사랑'을 꿈꾸는 미숙한 사람들과 정반대되는 성숙한 사랑을 하는 이들이 바로 '공동체 지향적인 사람'이다. 이들은 시장 교환 시스템이 아닌 '상호 호혜적 관계'를 중시한다.

1979년 심리학자 마가렛 클라크Margaret Clark와 주드 밀스Judson Mills는 상호 호혜적 관계를 중시하는 '공동체 지향적인 사람'과 시장 교환 시스템을 선호하는 '교환 지향적인 사람'의 차이를 연구했다. 연구에 따르면, 공동체 지향적인 사람들의 관계 만족도가 더 높고 깊은 심리적 안정감을 얻는다. 신뢰를 만들어내는 것에 능하기 때문에 갈등 상황에서도 쉽게 무너지지 않는다.

반면 교환 지향적인 사람들의 관계는 단기적 만족감은 높을 수 있지만, 감정적 유대와 신뢰가 매우 약해 관계가 쉽게 끊어진다. 이들의 관계 행태를 한 단어로 표현하자면 소탐대실(小貪大失)이다. 단기적인 만족감만 좇다가 깊은 애착을 통해 얻을 수 있는 진정한 관계적 혜택을 쉽게 잃는다.

후자(교환 지향적인 사람)는 받은 만큼만 주려는 사람이고, 전자(공동체 지향적인 사람)는 먼저 주고받을 줄 아는 사람이다. 공동체 지향적인 사람들은 관계를 장기적인 관점에서 보기 때문에 자신이 에너지를 쏟았다고 지금 당장의 보상을 바라지 않는다. 공동체 지향적인 사람이 바라는 것은 지금 당장의 쾌락이 아닌 타인과의 '신뢰'이며, 깊은 신뢰로 인한 혜택을 얻기 위해서는 오랜 시간의 헌신이 필요하다는 사실을 안다. 그래서 일단 줄 수 있는 만큼 주고, 주는 과정 자체를 즐긴다.

교환 지향적인 사람은 시장 교환 시스템을 기반으로 사람을 대한다. 그래서 본인이 상대에게 시간과 에너지, 비용을 쏟으면 즉각적으로 보상받기를 원한다. 또 먼저 주고받는 게 아니라 받은 만큼만 주려는 성향이 강하다. 장기적인 목표로써 상대와의 깊은 신뢰를 바탕으로 관계적 혜택을 누리는 상황을 기다리지 못한다. 지금 당장의 좋은 느낌에 휘둘리기 때문이다.

물론 공동체 지향적인 사람들이 보상을 아예 바라지 않

는 것은 아니다. 인간이라면 누구나 자신이 준 만큼 받기를 기대한다. 이 둘의 차이는 원하는 보상을 받지 못했을 때의 차이다. 공동체 지향적인 사람들은 원하는 보상을 받지 못했어도 크게 실망하거나 분노하지 않는다. 목적 자체가 주는 것이었고, 지금 당장 보상받지 못했어도 상대에게 신뢰를 살 수 있는 기회를 얻었음에 기뻐한다. 또한 신뢰 있는 관계를 얻는 일이 매우 어렵고 그만큼 가치 있다는 사실을 인정한다.

반면에 교환 지향적인 사람은 원하는 보상이 즉각적으로 주어지지 않았을 때 분노하고, 상대를 악마화한다. 교환 지향적인 사람들의 속내는 대개 음침하고 자기기만적이다. 지극히 이기적인 목적으로, 즉 원하는 보상과 선물을 기대하고 줬으면서 원하는 결과가 주어지지 않을 때 자신의 이기심을 선의로 포장하는 동시에 상대를 악마화하는데 능하다.

좋은 사람 같아 보이지만
사실은 가장 위험한 사람들의 특징

겉으로 보이기엔 남자친구에게 매우 헌신적인 여성 A

의 행동을 살펴보자. 여성은 남자친구를 위해 매일 요리를 하고, 남자친구가 피곤해 보이면 보약을 지어서 선물한다. 또 후줄근하게 다니는 남자친구를 위해 옷을 선물하기도 한다. 누가 봐도 정말 헌신적인 여성이다. 다음의 설명을 듣기 전까지는 말이다.

그녀의 남자친구는 스포츠광이다. 그래서 주말 오전에 소속된 축구팀에서 축구 경기를 하는 것을 좋아한다. 여성 A는 황금 같은 주말에 자신과 데이트하지 않고 축구만 하는 남자친구가 처음부터 마음에 들지 않았다. 그래서 결국 남자친구에게 이렇게 말한다.

> "너는 진짜 나쁜 사람이야. 나는 너를 위해 평일에 이렇게 헌신하는데 너는 주말에 나랑 데이트에 시간을 더 쓰지 않고 축구를 하러 나가? 어떻게 그렇게 이기적이야?"

여성 A 같은 사람이 전형적으로 '교환 지향적인 사람'이며, 겉으로는 좋은 사람으로 보이지만 상대에게 피해를 주기 쉬운 위험한 인간상 중 하나다. 이들의 전략은 너무나 교묘해서 악한 것은 자신이면서 상대를 악마화하는 동시에 자신을 선하고 이타적인 사람으로 포장하는 데 능하다.

사실 이 여성의 헌신은 애초에 '주는 것'이 목적이 아니었다. 상대를 자기 마음대로 조종하고 싶었을 뿐이다. 상대를 본인이 원하는 모습으로 바꾸기 위해 요리를 했고, 보약을 지었으며, 옷을 선물했다.

그녀의 남자친구는 요리를 바라지 않았으며, 보약을 먹기 싫었고, 패션에는 아예 관심이 없었다. 그가 원하는 건 주말에 자유롭게 축구를 할 수 있는 시간이다. 선물이란 상대방이 진정으로 바라는 것을 주고, 자신에게 되돌아올 선물이 없어도 만족을 해야 의미가 있는 법이다. 여성 A는 상대방이 바라지도 않는 선물을 줘놓고, 진짜 바라는 소망은 짓밟아 버리려고 부단히 노력했다. 그래서 진짜 이기적이고 나쁜 사람은 그녀이다.

여성 A의 이기적인 모습은 '교환 지향적인 사람들'이 흔하게 저지르는 실수 중 하나이며, 사실 시장 교환 원칙에 지배된 시대의 그림자, 현대인들의 어두운 일면이기도 하다.

받고 주는 게 아니라,
주고 받는 것

물론 상호 호혜성을 추구하는 '공동체 지향적인 사람들'도 무조건 헌신하지 않는다. 그런데 받은 만큼 주는 것이 아니라, 먼저 주고 받는 행동이 상호 호혜성의 시작이라는 것을 알아야 한다. 먼저 상대방이 진짜 원하는 것을 사려 깊게 연구하고, 최선을 다해서 주지 않으면 원하는 것을 받을 기회 조차 주어지지 않는다. 해당 메커니즘을 '게임 이론Game theory'에서도 살펴볼 수 있다.

게임 이론에서 가장 생존율이 높은 사람들의 전략 또한 무조건 협력하거나, 무조건 배신하는 전략이 아닌 상대가 하는 대로 맞받아치는 전략이다. 이를 팃포탯Tit for tat이라고 한다.

팃포탯 전략 요약
- 첫 번째는 협력: 팃포탯 전략은 먼저 협력으로 시작하여 상대가 어떻게 반응하는지 관찰한다.
- 상대의 행동에 대한 즉각적인 반응: 상대가 협력하면 다음에도 협력하고, 배신하면 즉시 배신으로 응답하여 상대가 협력하도

록 유도한다.
- 복수는 하지만 감정적이지 않음: 상대의 배신에 대해 복수하지만, 배신이 끝나고 다시 협력하면 즉시 협력으로 돌아간다.

이 전략은 상대가 협력하면 나도 협력하고, 상대가 배신하면 나도 배신하는 방식이다. 그런데 팃포탯 전략의 첫 번째 스텝에 집중할 필요가 있다. 팃포탯의 첫 번째 단계는 '먼저 협력으로 시작하여 상대가 어떻게 반응하는지 관찰하는 것'이다. 먼저 완전히 협력하지 않으면 서로에게 도움을 주는 상호 호혜적인 관계 자체를 얻을 수 없다는 뜻이다.

이는 조직 심리학자 애덤 그랜트 Adam Grant가 말하는 '기브 앤 테이크(Give and Take)' 전략과 비슷하다. 기브 앤 테이크는 인간관계의 성공적 접근 방식으로, 그랜트는 인간의 유형을 먼저 주는 것을 기쁨으로 삼는 기버(Giver), 뺏는 것을 기쁨으로 삼는(Taker), 받은 만큼만 주는 매처(Matcher) 세 가지로 구분한다.

그의 연구에 따르면 사회적으로 가장 성공한 사람 중에서는 기버(Giver)들이 압도적으로 많았다. 성공을 위해서는 유능한 사람들 사이의 깊은 신뢰와 협력이라는 관계적 자원이 가장 중요한데, 먼저 기여할 줄 아는 기버들이 중요 자원을 가장 쉽게 얻어내기 때문이다. 즉 인간관계를 가장 영리하게 유지하고 귀중한 자원을 얻어내는 사람들은 '먼저 최선을 다해서 주고', 상호 작용을 만들어내는 사람이다.

인간관계에서 가장 주요한 유형 중 하나인 '사랑'도 마찬가지다. 내가 가진 모든 것을 내어줄 줄 모르는 사람은 원하는 사람과 오래 함께할 기회 자체를 얻을 수 없다.

"관계는 너와 내가 만나
우리가 되어가는 아름다운 영웅 서사다.
그런데 네가 내 것이 되는 순간,
우리가 될 타자는 상실되며
결국 함께 할 우리도 없어진다.

당신은 사람과 사랑을
가지는(Have) 사람인가,
하는(Do) 사람인가?"

[참고하면 좋을 다니엘의 영상 콘텐츠]

사랑이라고 생각하기 쉽지만
사실은 사랑이 아닌 것들

5장

사랑에 빠졌을 때 일어나는 네 번째 일, 동일화

연애 3개월 차, 민지와 정우는 '사람이라는 사실만 빼고는 비슷한 부분이 전혀 없는 건가?'라는 생각이 들 정도로 서로가 다르다는 진실에 직면했다. 특히 잦은 감정적 충돌의 원인은 '어떻게 사랑을 유지하는가'였다.

민지는 사랑이란 하나의 운명 공동체가 되는 것으로, 아주 사소한 점이라도 몸과 마음이 함께하길 원한다. 식사도 더 자주 같이하길 바랐고, 마음 같아서는 일거수일투족을 매 순간 같이하길 원한다. 물리적인 하나됨뿐만이 아니었다.

정우를 향한 감정이 깊어질수록 취향과 관심사, 일상의 작은 생각들도 같았으면 하는 욕심 또한 커졌다. 민지는 멜로 영화를 좋아하지만 정우는 별 관심이 없다. 그럼에도 정우가 멜로 장르에 관심을 가져서 같은 즐거움과 감동을 얻었으면 한다. 민지에게 연인, 배우자란 응당 일심동체여야 했다.

정우가 생각하는 사랑을 건전하게 유지하는 방식은 사뭇 달랐다. 정우에게 사랑이란 음식에 넣는 조미료와 같은 개념이다. 음식에 넣으면 감칠맛이 추가되지만, 없어도 심심한 맛으로 먹을 수는 있다. 정우에게 사랑 또한 그렇다. 연인과 같이 시간을 보내면 분명 행복감을 더 누릴 수 있지만, 없어도 그만이었다. 그는 혼자 고독한 시간을 보내는 일에 있어서는 달인이다. 정우는 누군가에게 의존하는 태도를 싫어하며, 독립적인 자신의 모습을 이상적으로 바라보며 고독한 나를 사랑한다. 그래서 연애를 하더라도 독립성을 잃고 싶지 않기에 애인과의 충분한 거리감을 원했다. 사랑보단 당연히 커리어가 중요했다. 개인적으로 해야 할 일을 다 하지 못하면 절대 같이 시간을 보낼 수 없다고 생각했고, 각자 업무를 다 하고 데이트하기를 원했다.

민지와 정우는 '사랑을 유지하는 방법'에 대한 각자의 다른 입장에 대해 껄끄러운 대화를 나눴다. 생각으로만 얼핏 느꼈던 서로가 너무 다르다는 사실이 현실로 다가오자 민지는 왠지 서운한 마음이 들어 눈망울에 이슬이 맺히고, 정우는 어딘가 분노가 차오름을 느꼈다. 두 사람 모두 생각이 같았으면 하는 마음 때문이었다.

민지는 정우를 설득하고 싶고, 정우는 민지에게 자신의 입장을 관철하고 싶다. 대화는 더 이상 진전되지 못한다. '사랑하는 사이'라는 관계가 무색하게 양쪽 모두에게 남은 건 어떤 양보도 없이 '내 입장'을 상대방에게 강요하고 싶은 마음과 그들을 감싸는 차가운 공기뿐이다.

연인들이 이별을 택하는 의외의 원인

서로 다른 입장과 가치관, 의견 때문에 감정이 상하고 갈등이 생기는 일은 연인이라면 흔하게 겪는 일이다. 사람이 얼마나 간사한지 느끼는 순간이기도 하다. 많은 연인이 나와는 다른 모습 때문에 상대에게 사랑에 빠지지만, 막상 깊은 관계를 맺고 사랑을 하기 시작하면 나와 다르지 않고 내 방식대로 하나가 되길 바란다.

연인 관계는 '너와 내가 다르다'는 사실 때문에 망가지지 않는다. '너의 다름은 틀린 거야', '내 방식이 옳고 네 방식은 틀렸어'와 같이 다름을 인정하지 않는 태도 때문에 모든 관계는 파국으로 치닫는다. 즉 다른 부모 밑에서 태어나, 다른 이름을 부여받으며, 다른 환경에서 자랐고 다른 의견과 가치관을 가졌다는 사실만으로 우리의 관계를 절대 망가뜨리지 못한다. 관계를 망가뜨리는 범인은 객관적 사실이 아니라 '상대의 다름을 틀렸다'고 생각하는 우리의 주관적 인식과 태도다.

사랑하는 것을 한 폭의 그림을 그리는 일이라고 가정해 보자. 사용할 수 있는 색은 검은색과 흰색이다. 아니, 두 가지 색을 섞으면 회색이 산출되니 총 세 가지 색을 사용할 수 있다. 몇 개의 영역으로 나눠 스케치를 하고, 각 영역에 어울리도록 모든 색을 사용해 칠한다. 어떤 곳은 검은색, 옆의 영역은 흰색, 다른 영역은 회색으로 칠할 것이다. 이게 바로 자유롭게 그림을 잘 그리는 방법이다.

그런데 어떤 사람은 괜히 고집을 부려서 세 가지 색을 모두 쓰기 싫어한다. 그래서 모든 영역을 흰색 혹은 검은색으로 칠하거나, 섞어서 만든 색인 회색으로 캔버스를 모두 뒤덮어버린다. 대충 선을 그려도 관객들이 의미 부여를 해줄 정도의 유명한 화가가 아니라면 이런 방식으로 그린 그림은 그림보다는 낙서로 취급받을 것이 뻔하다.

많은 연인이 이렇게 사랑한다. '우리의 모든 것을 하나로 일치시켜야 해' 같은 동일성에 대한 아집 때문에 많은 사랑이 아름다운 예술 작품으로 거듭나지 못하고 낙서로 끝난다. 사랑이란 다른 색의 타자, 너의 세계와 나의 세계가 만나 자유롭게 그림이라는 예술 작품을 만드는 일이다.

왼쪽 상단 영역은 나의 색으로, 오른쪽 하단은 너의 색으로, 중앙은 우리 둘을 합친 색으로 그려볼 수 있으며 우리가 가질 수 있는 모든 색을 수용한다면 경우의 수는 무궁무진해진다. 무한히 사랑하기 위해서는 서로의 다름을 이해하고 존중할 수 있어야 한다는 뜻이다.

육아의 목적, 관계의 목적

현재의 관계 애착 이론에 지대한 영향을 준 20세기의 위대한 정신분석학자 도널드 위니콧Donald Winnicott에 따르면, 우리가 겪는 모든 인간관계의 초석은 부모-자식 관계다. 부모는 태어나서 최초로 경험하는 인간이자 관계 당사자이기 때문이다. 부모-자식 관계의 형성 과정을 간략히 살펴보자. 아이는 어머니와 '한 몸'이었다가 세상에 나와 독립된 개체로서 조금씩 분리되는 과정을 거친다. 육아의 목적, 부모 자식 관계의 최종 목적은 '독립'이다.

하지만 어린아이일수록 어머니와 분리되는 것을 견디지 못한다. 가령 아이들은 어머니의 뱃속에서 처음으로 분리

될 때나, 어머니가 눈앞에서 사라질 때 불안에 떨며 울음을 터뜨린다. 양육자와 분리되었을 때 아이가 겪는 극심한 스트레스를 '분리 불안'이라고 한다. 그래서 양육자는 자식들이 분리에 대한 스트레스를 최대한 받지 않게 장기간에 걸쳐서 조금씩 독립시킬 책임과 의무가 있다.

정신분석학 이론을 살펴보면 인간관계의 목적이 우리가 생각하는 것과 사뭇 다름을 알 수 있다. 부모-자식 관계는 모든 관계의 초석이기에, 사람 사이에 이루어지는 모든 관계는 부모-자식 관계와 닮아있다.

부모-자식 관계는 '하나됨'으로 시작하지만 최종 목적은 분리와 독립이다. 즉 연인, 부부관계의 최종 목적 또한 하나됨, 동일화가 아니라 독립이라고 볼 수 있다. 더 정확히는 두 사람이 관계를 맺음으로써 누릴 수 있는 혜택은 하나가 되는 것이 아니라, 서로가 서로의 양육자로서 협력하며 각자 더 성장할 수 있도록 양분을 제공하는 것이다. 즉 모든 인간관계의 목적은 '하나됨'이 아니라 더 나은 개인, 더 성숙한 독립 개체로서의 성장이다.

인간관계의 목적 시각화

A & B → AB (X)

A & B → A+, B+ (O)

하지만 많은 연인이 관계의 본질적인 목적인 독립된 개체로서의 성장이라는 건전한 목표를 뒤로 하고, 하나로 합쳐져서 편안함만을 누리기를 갈망한다. 타인과 완전히 하나가 된다는 것은 어머니의 자궁 속에서 자라는 아이처럼 편안하다. 하지만 아이가 주어진 시간 내에 어머니의 자궁과 분리되어 외부 세계로 나오지 않는다면 산모와 아이 모두 생명이 위험해진다.

연인관계도 이와 같다. 사랑하는 그 혹은 그녀와 매 순간을 함께하고, 모든 생각과 가치관이 일치되는 느낌은 편안하고 쾌락적이다. 하지만 그런 시간이 너무 길어진다면 두 사람 모두 더 훌륭한 개인으로 성장하지 못하고 결국 퇴화한다. 많은 사람이 관계의 본질적인 목적과는 다르게, 독립적 인간으로 거듭나지 않으려 하고 그저 서로 의존하고 합쳐지기만을 갈망한다는 뜻이다.

왜 그럴까? 모든 인간은 무의식적으로 '분리 불안'을 갖고 있기 때문이다. 분리 불안은 유아기에 최초로 형성되지만 성인이 되어도 무의식에는 근원적인 분리 불안이 남아 있을 수밖에 없다. 정도가 다를 뿐이다. 그래서 우리는 아직도 나를 돌봐줄 양육자, 부양자, 어머니, 아버지 같은 존재를 갈망한다. 어머니의 자궁과 젖을 떠난 지 30년이 넘었지만 편하고 걱정 없었던 그 시절로 돌아가고 싶은 욕구이다.

물론 충분히 성숙한 이들은 어머니, 아버지의 편한 보살핌을 뒤로 하고 스스로 어머니와 아버지가 되기로 결심한다. 성인이라면 이렇게 부모님 같은 존재로부터 독립하여 스스로 부모가 될 줄 알아야 한다. 하지만 미성숙한 이들은 끊임없이 자신의 분리 불안을 해소해 줄 부모 같은 존재를 찾아 헤맨다. 마치 엄마가 눈앞에서 없어지면 칭얼거리고 눈물을 쏟아내는 갓난아기 같다. 연락에 집착하는 현대인들, 밤늦게까지 연락이 없어서 불안에 떠는 모든 이들의 자화상이다.

아침에 일어나면 연락하고, 회사 출퇴근, 친구와의 약속 모두 사사건건 보고하지 않으면 "너는 날 사랑하지 않는다. 이런 건 사랑이 아니야"라며 타자에게 화살을 돌리는 어리석은 이들이 있다. 이들의 투정은 전혀 합리적이지 않다. 본인이 충분히 성장하지 못해서 스스로 불안한 사람이라는 걸 말하고 있을 뿐이다.

도널드 위니콧의 애착 이론에 따르면 아이들은 자신이 원하는 시간에 젖을 주던 엄마가 갑자기 젖을 주지 않으면 엄마를 '나쁜 사람'이라고 인식한다. 양육자가 자신이 원하는 자원을 제공하지 않는다는 사실에 너무 괴로운 나머지 젖을 주지 않는 엄마는 내가 알던 엄마가 아니라며 사실 자체를 부정하기도 한다.

이는 상대가 내가 원하는 시간에 연락하거나 만나주지 않고, 모든 일상을 공유하지 않아 연인에게 화살을 돌리는 미성숙한 현대인들의 사랑 방식과 닮아 있다. 상대방과 고작 몇 시간 연결되어 있지 못해 마음이 불안하고 서운하며 더 나아가 분노한다면 당신은 성숙한 인간이라고 볼 수 없다. 그저 엄마와 떨어질까 봐 두려움에 떨고 있는 어린아이에 불과하다.

"사랑이란 다른 색의 타자,
너의 세계와 나의 세계가 만나
자유롭게 그림이라는 예술 작품을
만드는 일이다.
왼쪽 상단 영역은 나의 색으로,
오른쪽 하단은 너의 색으로,
중앙은 우리 둘을 합친 색으로

그려볼 수 있으며 우리가 가질 수 있는
모든 색을 수용한다면
경우의 수는 무궁무진해진다.
무한히 사랑하기 위해서는
서로의 다름을 이해하고
존중할 수 있어야 한다는 뜻이다."

[참고하면 좋을 다니엘의 영상 콘텐츠]

 결혼 후 더 빛나는 사람들의 특징

2부
사랑을 하는 법

Being in love

6장

좋은 연애 상대와 좋은 부모되기

"우리 생각할 시간을 좀 갖자."

연애를 시작한 지 100일이 채 되지 않은 정우와 민지는 만남과 헤어짐의 기로에서 잠깐의 보류를 선택했다. 강렬한 끌림으로 시작해 '우리의 만남은 운명'이라고 여기는 커플일수록 아주 사소한 갈등으로 쉽게 갈라진다는 사실은 누군가와 사랑에 빠져본 사람이라면 모두 동의할 테다. 이유는 명백하다. 열정적인 사랑에 빠진다는 것은 이성이 아니라 감정과 본능의 장난이기에, 사랑에 빠질수록 우리는 스스로를 잃으며 제대로 '생각과 판단'을 할 수 없다.

정우와 민지 또한 본능의 바다에 표류하느라 그들의 관계에 대해 제대로 생각할 시간이 없었다. 정우와 민지가 표류에서 벗어나 다시 항해를 하기 위해서는 성찰해야 한다. 그제야 사랑에 빠졌다는 본능의 장난에서 벗어나 너, 나, 우리를 찾고 제대로 사랑할 수 있다.

파란색 약과 빨간색 약

1999년에 개봉한 영화 「매트릭스」는 가상 현실 세계인 '매트릭스'에서 시작된다. 이 가상 세계는 기계들이 인간의 정신을 억제하기 위해 만든 시뮬레이션이다. 이에 대해 생각해 보지 않은 인간들은 매트릭스를 현실로 굳게 믿으며 살아간다. 하지만 주인공 네오는 해커로 활동하다가 우연히 '매트릭스의 진실'에 대한 단서를 접하게 된다. 결국 세상에 대한 모든 진실을 알고 있는 선구자 모피어스를 만난다. 모피어스는 아직 혼란스러워하는 네오에게 '파란약'을 먹을지 '빨간약'을 먹을지 선택하라고 한다.

여기서 파란약은 현실 회피, 무지와 안일한 삶을 뜻한다. 그래서 파란약을 선택하면 매트릭스가 가짜라는 사실을 잊고 원래의 평범하고 안일한 삶으로 돌아갈 수 있다. 하지만 진실은 영원히 알지 못한다. 반대로 빨간약은 진실에 대한 선택, 자유와 각성을 의미한다. 빨간약을 먹는 순간 편안하고 익숙한 환상, 거짓을 거부하고 고통스럽더라도 진실한 삶이 시작된다. 자유롭게 선택하고 그로 인해 결과에 책임질 수 있는 '실존적인 자아'로 거듭나는 것이다.

파란색 사랑과 빨간색 사랑

이 책은 '사랑의 매트릭스'에 대한 이야기다. 영화로 만든다면 서로에게 사랑에 빠진 남녀가 본능적인 환상에 빠져 사실은 서로를 파괴하고 있지만 건전한 사랑을 하고 있다고 굳게 믿는 상황에서 시작된다. 바로 사랑이라 착각하기 쉽지만 사랑이 아닌 것들, 대표적인 네 가지를 지금까지 열심히 설명했다. 상대를 멋대로 '이상화'하고, 일상생활이 흔들릴 정도로 욕망이 '침습'한다. 상대를 '독점'하려 하고, 그와 모든 것을 '일치'시키고자 하는 집착에 휘둘린다.

물론 지금까지의 설명을 모두 거부하고 자신이 하던 대로 사랑을 해도 좋다. 하지만 그런 사람은 모피어스 앞에서 파란약을 선택한 것이다. 현실과 진실을 외면한 대가로 편안하고 안일한 삶을 살아갈 수 있다. 그러나 파란약을 선택하는 순간, 당신의 사랑에서 자유라는 건 평생 없을 것이다. 사랑이라고 착각하지만 사실은 사랑이 아닌 방식들로 사랑을 해온 사람은 단 한 번도 자신의 자유의지를 활용해 사랑을 한 적이 없다. 인간이라면, 동물이라면 그저 본능으로 내장된 '사랑 기계'에 따라 조종당했을 뿐이다.

'사랑의 빨간약'을 선택할 수도 있다. 빨간약을 선택하면 '사랑을 잘하는 법'에 대한 진실을 배우고 직면할 수 있다. 본능이라는 사랑 기계의 속박에서 벗어나 진짜 인간의 사랑 이야기를 꾸려나갈 수 있다. 하지만 진실은 아프고, 진실을 습득하기 위해 훈련하는 일은 더 고통스럽다. 내 연인, 배우자, 친구, 부모와의 사랑을 유지하는 일이 얼마나 어렵고 고통스러운 일인지 매 순간 깨닫게 될 것이다. 허나 빨간약을 선택한 당신은 진정한 자유를 얻을 수 있다. 사랑하는 사람 앞에서 본능적으로 솟구치는 온갖 욕심들, 분노, 질투 등에 쉽게 휘둘리지 않고 해결 방법을 자유롭게 선택하며 그 결과에 책임질 수 있는 '진정한 나'로 거듭나게 되리라 확신한다.

'사랑을 잘하는 법'에 대한 진실, 빨간색 사랑을 하기 위한 방법은 이미 정해져 있고 절대 변하지 않는다. 물론 파란약을 먹든 빨간약을 먹든 원하는 사람과 사랑을 하고 유지하는 과정에 있어서 고통과 갈등이 생긴다. 하지만 파란약을 먹으면 진실이 뭔지도 모른 채 고통에 휘둘리기 쉽고, 빨간약을 먹으면 진실에 직면하고 스스로 해결할 수 있다.

영화 「매트릭스」에서 주인공 네오는 빨간약을 선택했다. 영화의 이 장면은 철학적으로, 불교의 관점에서도 깊은 의미를 지니며 '현실과 진실을 선택할 용기가 있는가?'

라는 질문을 우리에게 던진다. 선택은 그대의 몫이다. 파란약을 선택한 독자는 책을 이쯤에서 덮고 낡은 서랍에 넣어도 좋다.

하트는 빨갛게 칠한다

빨간약을 선택한 당신을 환영한다. 아, 방금 정우와 민지도 둘 다 빨간약을 선택했다는 소식을 들었다. 민지와 정우는 본능의 장난에 속아 넘어갔지만 적어도 진실과 진리를 추구하는 건전한 인간이다. 사랑을 뜻하는 하트 모양의 도형은 보통 빨간색으로 칠한다. 당신도 이제 하트를 스스로 빨간색으로 채워나갈 수 있는 첫걸음을 내디뎠다. 1장에서는 사실은 파란색 사랑이었지만 빨간색 사랑이라고 굳게 믿었던 것들, 사랑이 아니지만 진짜 사랑이라고 착각했던 것들을 다뤘다. 이제부터는 빨간약, 빨간색 사랑, 진짜 사랑을 하는 법, 하트를 빨간색으로 칠하는 방법에 대해서 이야기하려고 한다. 고통스럽지만 의미 있는 여정을 걸어보자.

"빨간약을 먹는 순간

편안하고 익숙한 환상, 거짓을 거부하고

그로 인해 고통스럽더라도

진실한 삶이 시작된다.

자유롭게 선택하고

결과에 책임질 수 있는

'실존적인 자아'로 거듭나는 것이다."

7장

그릇된 투사와 이상화에 대한 빨간약

사랑의 르네상스

르네상스 시대에는 이상적인 '신'의 힘에 순종하는 신본주의 세계관에서 벗어나 인간 자신의 의지와 이성을 믿고 예술에서의 사실적 표현, 과학적 사고의 발달이 괄목하게 이루어졌다.

하지만 사랑에서는 그렇지 못했다. 르네상스 시대의 사람들도 사랑에 대해서는 여전히 근거 없는 이상과 환상을 좇았으며 사랑의 추상, 본능적 반응에 불과한 사랑의 '이상적인 일면'만을 보고 그것이 사랑의 전부라고 착각했다.

대표적인 예가 투사이다. 강의실 프로젝터의 작동 원리처럼 연인의 본모습은 그렇지 않은데 자의적으로 과대평가한 모습을 사랑하는 것이다. 상대의 본모습이 아닌 추상을 사랑하는 셈이다. 추상이란 대상의 이상적인 이미지를 말한다. 가령 장미꽃을 떠올리면 우리는 보통 붉은빛이 만연한 영롱한 꽃잎들을 떠올린다.

하지만 그것은 장미가 사계절 동안 가지는 모습 중 극히 일부다. 장미는 1년 중 절반 이상 꽃잎이 없는 보잘것없는 모습으로 지내며, 함부로 다가가면 상처를 입을 수 있는 가시도 장미의 구성 요소 중 하나다.

그래서 만약 자의적으로 과대평가한 연인의 모습이 진짜가 아니라 실제로는 훨씬 보잘것없다는 사실을 깨달았을 때, 아름다운 외모의 이면에 날카로운 가시가 숨겨져 있다는 걸 직면했을 때 뒷걸음질 치며 상대를 더 이상 사랑할 수 없다면, 그것은 사랑이라 부를 수 없으며 이런 사랑에 익숙한 자는 사랑에 매우 미성숙한 사람이다.

어떤 분야에 대해 이상화하며 지나친 환상을 품는 태도는 미숙한 초년생들의 모습이기도 하다. 직업에서도 그렇고, 사랑에서도 그렇다. 예컨대 원하는 회사의 채용 전형에서 최종 합격한 사회 초년생이 있다. 그는 한껏 들떠 있으며 이상적인 직장 생활을 꿈꾸며 기분 좋은 나날을 보내고 있을 것이다.

실제 경험이 없는 초년생들은 대상의 이상적이고 긍정적인 면만을 본다. 회사의 좋은 복지 제도, 월급날 쌓이는 통장 잔고, 멋있는 대기업 사원의 이미지 등이 그렇다. 하지만 이상적인 생활에 대한 기대가 큰 사람일수록 실제로 직장 생활을 했을 때 크게 실망하는 경우가 많다. 실제 직장 생활의 본모습은 자신의 이상과는 다르기 때문이다. 매일 엄습하는 실적 압박, 상사와의 대인관계 문제, 생각보다 들쭉날쭉한 성과급, 잦은 야근 등이 보편적인 직장인들의 직장 생활이다. 즉 우리의 추상적 사고에는 '이상적인 결과'만 포함되지만, 대상의 본모습에는 이상적인 결과를 얻기 위해 견뎌야 할 고통과 현실적인 문제들이 포함된다.

또 자수성가하여 큰돈을 만져본 사람들은 돈에 대한 별다른 환상이 없다. 부자들은 약속이나 한 듯이 '돈 그 자체가 행복과 정서적 자유를 가져다주지는 않는다'라고 말한다. 그들은 돈을 다루는 일에 매우 능숙하고, 수많은 과정을 겪어온 베테랑이기 때문이다. 그래서 돈의 진짜 모습, 돈을 소유하기 위해 감수해야 할 그림자와 큰돈을 벌기까지 얼마나 많은 수난과 역경을 극복해야 하는지도 안다.

하지만 큰돈을 실제로 만들어 본 경험이 없고, 돈에 미숙한 자들은 '돈이 정서적 자유를 가져다주지 않는다'라는 말을 절대 믿지 않는다. 돈이 많이 생기면 무조건 행복해지고, 삶의 모든 방면에서 자유를 얻을 거라 착각한다. 미숙할수록 대상에 대한 이상과 환상에 지배된다. 사랑도 마찬가지다. 30년을 넘게 사랑하며 오랜 세월을 함께한 노부부는 성숙한 사랑의 진실을 구체적으로 안다. 그들은 사랑을 하기 위해서는 상대의 추상이 아니라 구체적인 모습까지 품어야 한다는 사실을 안다. 노부부의 아내는 30여 년 전 남편의 주도적이고 강단 있는 모습에 반했지만 결혼 생활을 시작하고 나니 이면에 숨겨진 가시인 모든 것을 통제하려는 독단적인 모습을 받아들이기 힘들었다. 노부부의 남편 또한 아내의 수용적이고 부드러운 표현력에 매력을 느꼈지만, 그녀의 장점에는 자신의 의사를 명확히 표현하지 않아 소통이 어렵다는 단점까지 포함되어 있다는 진실을 깨달았다. 노부부는 그렇게 서로의 진짜 모습을 받아들이고 사랑을 하기 시작했다.

사랑 초년생들의 모습은 이와 정확히 반대일 것이다. 우리가 처음 사랑에 빠질 때 보는 상대의 모습은 빙산의 일각이라는 사실을 모른다. 사랑에 빠진 우리들은 해수면 위에 노출된 빙산의 아주 작은 부분만 보고 그것이 빙산의 전체라고 착각한다. 하지만 사람의 매력과 인격은 지극히 입체적이다. 책임감 있는 사람의 해수면 밑에는 '거만함'이라는 숨겨진 빙하의 본질이 숨겨져 있으며, 수용적이고 부드러운 인격을 가진 사람의 이면에는 '겁이 많음'이라는 인격적 특징이 숨겨져 있을 수 있다.

우리가 흔하게들 이야기하는 '있는 그대로의 나를 사랑해 줄 수 있어?'라는 말의 의미도 이와 같다. 상대의 장점 뒤에 도사리고 있는 단점도 함께 사랑하는 것, 빛이 빛나기 위해 반드시 수반되어야 할 어둠까지 수용하는 것, 아름다운 꽃잎이 없는 장미와 날카로운 가시도 장미의 일부임을 받아들이는 것. 이것이 서로의 진짜 모습을 사랑하기 위한 필수적인 능력이며, 사랑의 재생, 사랑의 부활, 사랑이란 르네상스의 첫걸음이다.

내게 사랑이 뭐냐고 물어본다면

뜨겁게 사랑했던 계절을 지나
처음과는 조금은 달라진 우리 모습을 걱정하진 말아요.
아침에 떠오르는 햇살을 보며
사랑을 약속했던 우리의 마음은 영원한 거라
저물어 가는 노을도
그리고 찾아올 밤하늘도
우리가 함께한 시간만큼 아름다울 거예요.
…
바다가 지겨워지고

숲이 푸르르지 않다고
그 아름다움을 잊는다면 사랑이 아닐 거예요.

- 로이킴. (2024). 내게 사랑이 뭐냐고 물어본다면.
 [KOMCA 승인필]

2024년 10월에 발매된 가수 로이킴의 싱글 발라드 "내게 사랑이 뭐냐고 물어본다면" 가사 중 일부다. 아무 생각 없이 들으면 잘생긴 가수의 일반적인 사랑 노래라고 치부할 수 있지만, 가사를 곱씹어보면 진짜 '사랑하는 행위'에 대한 본질이 담겨있다.

'뜨겁게 사랑했던 계절을 지나 처음과는 조금은 달라진 우리 모습을 걱정하진 말아요' 화자는 연인과 서로 첫눈에 반해 한시도 떨어지기 싫은 열정적인 시기를 지나고 있다. 연인은 '우리 사이가 예전처럼 뜨겁지 않은 것 같아. 스킨십도 줄었고 표현도 밋밋해졌어'라며 관계의 깊이를 걱정하고 있다. 하지만 화자는 연인에게 이렇게 말한다.

'아침에 떠오르는 햇살을 보며 사랑을 약속했던 우리는 지나고 없지만, 그 마음만은 영원한 거야. 밝은 아침은 지났지만 해가 지고 저물어가는 노을도, 찾아올 밤하늘도

아침의 햇살처럼 아름답지 않을까?'

화자는 철없는 연인에 비해 사랑에 대해서는 분명 훨씬 더 성숙한 사람이다. 그는 이제 사랑의 추상이 아니라 사랑의 진짜 모습을 볼 줄 안다. 사랑을 우리가 사는 '단 하루'라고 생각해 봤을 때 서로 사랑에 빠져 열정적인 시간을 보내는 시기는 일출과 함께 시작되는 아침과 해가 중천에 뜬 낮이다. 이 시기에는 태양이 우리를 비춰주기에 별다른 노력을 하지 않아도 따뜻하고, 한없이 밝아서 빛을 찾아 헤맬 필요가 없다.

하루 중 절반은 해가 없다는 사실을 알아야 한다. 일몰이 끝나면 기온이 떨어져 따뜻한 옷을 입거나 서로 껴안아 체온을 유지해야 한다. 또 칠흑 같은 어둠이 찾아오기에 일상생활을 유지하기 위해서는 빛이 있는 곳을 찾아 나서야 한다. 하지만 빛이 없는 밤이라 하여 하루가 아닌 것이 아니다. 밝은 해의 아침과 한낮도, 어둠이 우리를 감싸는 저녁과 늦은 새벽까지 모두 하루에 포함된다.

사랑도 이와 마찬가지다. 사랑 초기의 열정적인 상태에서는 별다른 노력이 없어도 관계의 따뜻함이 유지되고, 상대의 모습이 태양처럼 눈이 부시며 이 순간이 영원할 거라 착각한다. 하지만 때가 되면 해는 진다. 사랑에도 저녁이 있다. 일몰이 지나고 어둠이 찾아오면 사랑의 온도는 급속도로 차게 식는다. 이때 우리가 해야 할 일은 '이제 우리는 더 이상 사랑하지 않는다'며 뒤돌아서는 게 아니라 서로 더 꽉 껴안으려 노력하는 것이다. 볕이 없어 추울수록 더 의지를 가지고 서로의 체온을 따뜻하게 해주려 노력해야 한다.

또한 햇살이 가득한 사랑의 전반전에는 빛이 가득해 별다른 노력 없이도 어떤 위기도 없이 앞으로 걸어갈 수 있다. 하지만 빛 한 점 없는 사랑의 후반전에서는 어둠 속에서 서로의 발자취에 의존하며, 서로를 굳게 믿으며 앞으로 나아가야 한다. 그렇지 않으면 단 한 발짝도 나아갈 수 없을 것이다. 즉 진짜 사랑이란 밝은 태양 밑에 앉아 태양의 찬란함을 감탄하는 게 아니라, 어둠 속에서도 빛을 찾기 위해 손을 꼭 잡고 앞으로 나아가는 것이다.

'숲이 푸르르지 않다고 그 아름다움을 잊는다면 사랑이 아닐 거예요.' 이 노래의 진짜 정수는 이 구절에 있다. 장미는 붉은 잎뿐만 아니라 날카로운 가시까지 포함되어야 장미다. 숲도 마찬가지다. 숲은 푸르기도 하지만 계절의 변화에 따라 노란빛을 띠기도 하고, 가지만 보잘것없게 남아 황토색으로 보일 때도 있다. 하지만 숲이 푸르르지 않다고 더 이상 아름답지 않다고 말하는 사람이 있다면 그는 숲을 사랑하는 사람이 아니라 푸른색을 사랑하는 사람일 뿐이다.

사람도, 사랑도 그렇다. 젊은 시절 멋지고 어여쁜 모습의 남녀가 만나 사랑에 빠져 하루가 멀다 하고 보고 싶어 하는 뜨거운 열정만 사랑이 아니다. 육아와 직장 생활 때문에 바빠서 한 달에 한 번도 데이트를 못 하는 부부의 삶 자체가 사랑이다. 야근으로 눈을 절반은 감은 상태로 늦게 귀가한 남편이 육아에 지쳐 침대 구석에서 쪽잠을 자는 아내를 보고 살며시 이불을 깊게 덮어주는 게 사랑이다. 자식들을 모두 독립시키고 매일 비슷한 일상을 보내는 노부부가 소박한 밥상 앞에서 '우리 그래도 참 열심히 살았다'며 서로의 노고를 존중해주는 것이 사랑이다.

어느 젊은 날 어떤 이의 커다란 눈망울이 아름다워 사랑에 빠졌다면 20년 후 주변에 생길 눈주름까지 사랑하는 게 진짜 사랑이며, 대상의 아름다움에 대한 진정한 예찬이다. 상대가 처음 같은 뜨거움이 없다 하여, 처음 같은 젊음이 없다 하여, 처음 같은 싱그러움이 없다 하여 그 아름다움을 잊는다면 그것은 사랑이 아닐 것이다.

올바른 '이상형' 설정법

연애라는 장르에 백과사전이 있다면 많이 쓰는 단어 중 하나가 '이상형'일 것이다. 하지만 우리가 사랑에 빠질 때 상대를 '이상화'하면서 관계를 수렁으로 몰고 가는 모습처럼 이상형에 대한 사회적 합의도 건강하지 않다. 실제로 결혼 정보 회사에 가입을 하거나 지인의 주선으로 이성을 소개받을 때 "이상형이 뭐예요?"라고 질문을 받으면 보통은 이렇게 답한다.

"나이는 아래위로 몇 정도면 좋겠구요, 키는 얼마 이상, 연봉 얼마…자산 규모는…"

하지만 저런 스펙의 나열은 이상형의 참뜻이 아니다. 그저 특정한 형태를 가진 우상 숭배에 가깝다. 무엇보다 우리가 지금 논의하고 있는 '추상에서 벗어나 구체성을 갖는 사랑하기'에 위배된다. 물론 누군가는 '키, 연봉, 자산' 같은 정보의 나열도 '꽤 구체적'이라고 이야기하겠지만, 관계에서의 구체성이란 성격이 다르다. 구체성에는 현실이 반영되어야 한다. 관계에서 말하는 '현실'은 우리다. 관계는 너와 내가 만나 우리가 하는 것이기에 그렇다. 쉽게 말해 이성 관계에서 이상형을 정의할 때는 '내'가 무엇을 원하고, '상대'가 무엇을 원하는지보다는 언제나 '우리가' 무엇을 원하는지 생각해야 한다. 두 사람이 꾸려나갈 이상적인 이미지 안에 '우리'가 포함되어야 한다는 뜻이다.

예컨대 우리가 연인과 누리는 평범한 일상들, 요리를 해서 먹고 영화를 보면서 휴식을 취한다고 가정해 보자. 예능 프로그램을 보며 혀를 끌끌 차기도 하고 시답잖은 농담을 하며 웃는다. 둘의 외양은 씻지 않아서 부스스하다. 그러다가 문득 함께하는 이 일상의 순간이 감정을 충만하게 하면서 이런 일상을 평생 '함께' 하고 싶다는 생각이 든다. 그 일상에 우리의 아이도 생기고, 여정과 행복, 어쩌면 고통이 포함되어도 살아갈 만하겠다라는 생각이 들수도 있다.

이런 게 바로 같이 그릴 수 있는 이상이다. 즉 이상형에는 '지극히 구체적인 일상을 함께하고 싶은 사람이 누굴까?'라는 질문이 포함되어야 한다. 일상을 행복하게 보내는 일에 연봉과 자산이 얼마나 영향을 미칠지는 미지수다.

키, 직장, 연봉, 학벌, 다정한 사람 등 어떤 조건을 설정하는 것 자체가 문제라는 게 아니다. 하지만 일방적으로 '내가 뭘 바라는지'만 생각하면 문제가 된다. 바람에도 '우리'가 포함되어야 한다. '내가 원하는 저 사람과 내가 정말 잘 어울리는가? 내가 그런 사람과 잘 맞는 사람인가?'에 대해서도 생각해 봐야 한다는 뜻이다.

보통의 이상형 설정이 실제 연애와 결혼 생활에 좋은 영향을 미치지 못하는 이유는 '내가 뭘 받을 수 있을지'와 '상대방의 장점으로 인해 내가 얻을 수 있는 것'에 대해서만 생각하기 때문이다. 이건 반쪽짜리 이상형이다.

관계에서는 내가 상대에게 받을 수 있는 것보다, 내가 상대에게 무엇을 기여할 수 있는지가 더 중요하다. 당신이 키 180cm 이상에 연봉 6천만 원 이상, 남자답고 부지런하며 성실한 사람을 원한다고 가정해 보자. 여기서 질문해야 할 것은 '그런 남자는 어떤 여자를 원할까?'여야 한다.

더 나아가 '그런 남자가 원하는 걸 내가 줄 수 있을까? 그런 능력이 있는가?'라는 물음이 가장 중요하다. 인간은 받는 행위만으로 지속적인 행복을 얻을 수 없다. 그래서 당신이 무엇을 받을지 생각하기 전에, 내가 바라는 그 사람을 위해 내가 무엇을 기여할 수 있는지부터 정의해야 한다. 상호작용이 없는 관계는 곧 취소될 관계다. 추상적인 사랑에서 벗어나 사랑의 정밀화를 그리려면 구체성이 필요하며, 구체성에는 언제나 '우리'가 포함된다. 진실된 관계는 '나'도 아니고, '너'도 아니고 '우리'가 하는 것이다.

다툼 없이 연인 사이를 지속하는 가장 효과적인 방법

떠나는 길에 니가 내게 말했지
너는 바라는게 너무나 많아
아냐 내가 늘 바란 건 하나야
한 개뿐이야 달디단 밤양갱

달디달고 달디달고 달디단 밤양갱 밤양갱
내가 먹고 싶었던 건 달디단 밤양갱 밤양갱이야

상다리가 부러지고
둘이서 먹다 하나가 쓰러져버려도
나라는 사람을 몰랐던 넌

떠나가다가 돌아서서 말했지
너는 바라는게 너무나 많아
아냐 내가 늘 바란 건 하나야
한 개뿐이야, 달디단 밤양갱

- 비비. (2024). 밤양갱. [KOMCA 승인필]

"떠나는 길에 네가 내게 말했지, 너는 바라는 게 너무나 많아" 남녀가 연애하다 보면 남자 쪽에서 한번은 하는 말이다. "너는 바라는 게 왜 이렇게 많아?" 그 말을 들은 여자는 미안하다고 말한다. 하지만 바라는 게 많다는 말을 인정할 수는 없다.

"아냐, 내가 늘 바란 건 하나야. 밤양갱 하나뿐이라니까? 이게 어렵나?"

남자는 화자의 기대를 충족시키지 못해서 지치고, 화자는 '내가 바라는 게 많은가?'라는 생각을 하지만 또 싸우기 싫어 일단은 미안하다고 말한다. 이런 상황이 반복되면 결국 서로 지쳐서 이별하게 된다.

"바라는 게 너무 많다"며 지침과 이별을 통보하는 남자, "아니야, 사실 내가 원했던 것은 그냥 달콤한 디저트, 밤양갱일 뿐"이라며 탄식하는 여자, 누구 말이 맞는 걸까?

둘 다 틀린 말은 아니다. 각자의 입장을 살펴보면 모두 이해할 수 있다. 실제로 여성들이 원하는 것은 단순하다. 매스 미디어와 유명 대중 연설가들이 말하듯 여성들은 사소한 관심과 사랑을 원한다.『화성에서 온 남자, 금성에서 온 여자Men are From mars, Women are from Venus』의 저자 존 그레이John Gray는 여성은 옥시토신이 자주 분비될 만한 아주 사소한 관심과 사랑의 반복을 원한다고 말한다.

안타깝게도 '사소한 것', '달콤한 것'은 지극히 추상적인 말이다. 누군가에게는 달콤한 느낌일 수도 있고, 안정감일 수 있다. 그래서 여자 입장에서만 단순하다. 듣는 사람 입장에서는 미술 비전공자가 추상화를 감상하고 구체적인 인사이트를 도출하는 것만큼 해석이 어렵다.

밤양갱은 분명 달콤한 디저트에 불과하다. 하지만 대중적인 품목은 아니다. 그래서 "밤양갱 사다 줘. 젤리도 아니고, 사탕도 아니고, 아이스크림도 아니고, 밤양갱 사다 줘" 이렇게 구체적으로 말해주지 않으면 남자는 그저 보편적으로 달콤한 디저트를 사다 줄 것이다.

남녀는 이 지점에서 충돌한다. 남자가 전국의 편의점을 들러 달콤한 간식을 사다 줘도 노래의 화자를 만족시키기는 어렵다. 여자가 원하는 것은 콕 집어서 '밤양갱'이기 때문이다.

사실 화자가 원했던 것은 달콤한 디저트나 밤양갱이 아닐지도 모른다. 은밀한 구체적인 취향을 알아낼 만큼 엄청난 관심과 사랑을 꾸준히 주기를 바라는 것이다. '상다리가 부러지고 둘이서 먹다가 하나가 쓰러져 버려도 나라는 사람을 몰랐던 넌', 이 구절에서 알 수 있듯이 화자의 진짜 불만은 '나라는 사람을 제대로 몰라준 너'다. 밤양갱은 핑곗거리에 불과하다.

화자의 요구는 겉으로 보기에는 단순해 보이고, 자신도 그렇게 주장하지만 본질적으로 들어가면 매우 까다롭다. 그래서 원하는 바를 언제나 수수께끼처럼, 밤양갱이라는 형식에 숨겨 내용을 추상적으로 전달한다면 상대방 입장에서 구체적인 답안을 맞추기가 굉장히 어렵고 반복되면 지칠 수밖에 없다.

물론 서로에 대한 추상적인 수수께끼를 내는 것, '내가 좋아하는 거 맞춰봐!' 같은 블라인드 퀴즈 놀이가 연애 초에는 서로에 대한 흥미와 재미를 붙이기에 좋은 수단일지 모른다. 하지만 이 수수께끼를 오래 계속 풀어야 한다면? 오래 즐길 수 있는 놀이는 분명 아니다.

사랑하는 사람끼리의 관계를 연인(戀人)이라고 말한다. 연(戀)이라는 한자를 살펴보면 실(絲) 사이에 말씀 언(言)이 있고 맨 밑에 마음 심(心)이 위치한다. 서로가 마음으로써 진정으로 하나가 되려면 '구체적인 대화'를 해야 한다는 뜻이다. 그래서 진정으로 연인이 되고 싶다면 추상을 던져주면서, 풀기 어려운 애매한 퀴즈를 내면서 그냥 그저 알아봐 주기를 바라서는 안 된다. 그런 식으로 상대방의 마음을 시험하는 것은 상대를 사랑하는 게 아니라 노동을 시키는 일이다. 사랑이 아니라 노동을 하면 필연적으로 지친다.

오래 좋은 사이를 유지하고 싶은 연인, 사람, 부부가 있다면 '구체성이 있는', '원하는 점을 확실히 말하는' 대화를 지향하길 바란다. 그것이 서로 이해하며 사랑하기 위해 필요한 핵심 기술이다.

"어느 젊은 날 어떤 이의
커다란 눈망울이 아름다워 사랑에
빠졌다면 20년 후 주변에 생길
눈주름까지 사랑하는 게
진짜 사랑이며, 대상의
아름다움에 대한 진정한 예찬이다.

상대가 처음 같은 뜨거움이 없다 하여,
처음 같은 젊음이 없다 하며,
처음 같은 싱그러움이 없다 하여
그 아름다움을 잊는다면
그것은 사랑이 아닐 것이다."

[참고하면 좋을 다니엘의 영상 콘텐츠]

연인들의 99%는 '이것' 때문에 헤어집니다

남녀의 99%는 진짜 사랑할 때 이런 행동을 합니다

8장

침습하는 생각에 대한 빨간약

백마 탄 왕자, 꿈속의 그녀

사랑에 빠졌을 때 연인에 대한 생각이 끊임없이 침습하여 일상적 삶과 마음이 흔들리는 현상은 누구나 겪는 일이다. 자신의 삶을 잃어버리고 상대에게만 온 에너지와 열정을 쏟고, 더 나아가 상대방의 일상마저 무너뜨리려고 한다. 연락을 기다리느라 과업에 집중하지 못하는 모습, 분명 해야 할 일이 있는데도 데이트에만 몰두하는 모습들이 그렇다.

평범한 일상을 보내다가 매력적인 이성이 나타났을 때 특히 일상이 더 무너지는 사람일수록 평소 자신의 삶을 사랑하지 않는 사람일 가능성이 높다. 꿈에 그리던 백마 탄 왕자가 나타났을 때 왜 유독 흥분되고 자꾸 떠오르는가? 혹은 꿈속에 그리던 그녀와 관계가 시작되었을 때 왜 상대에게만 몰입하게 되고 일상이 송두리째 파괴되는가? 평소의 내 일상에 전혀 흥분되지 않고 제대로 몰입하는 일이 없기 때문이다. 내 일상을 사랑하지 않는 사람일수록 외부 세계의 자극에 쉽게 휘둘리며, 평소에 전념하는 일이 없을수록 우리의 본능은 전념할 대상을 찾아 헤맨다.

반대로 스스로의 일상을 사랑하는 자는 특별한 이벤트를 크게 갈망하지 않는다. 그래서 심장을 두근거리게 하는 특별한 사람이 나타났을 때도 크게 흔들리지 않고 평정심을 유지할 수 있다. 일상과 평소 나의 모습에 결핍이 많은 사람은 모든 고통과 권태의 원인을 외부 세계에서 찾는 경향이 있다. 이런 사람은 훌쩍 해외여행을 떠나면 갑자기 창의적인 아이디어가 샘솟고 일상의 상처가 치유되리라 굳게 믿지만 그런 일은 일어나지 않는다. 우리가 떠나는 여행지도 결국 원주민들이 매일 경험하는 일상이며, 반대로 우리의 일상으로 여행을 오는 관광객들도 넘쳐난다. 사실은 매일이 여행인 셈이다. 즉 일상을 제대로 즐기지 못하는 사람들은 여행을 즐기기도 힘들다.

특별한 사랑, 특별한 연인, 특별한 대상, 백마 탄 왕자와 꿈속의 그녀에 대한 갈망도 마찬가지다. 본능적 사랑에 휘둘리는 사람일수록 그런 환상 속의 존재가 내 지루한 일상을 구원해 주리라 생각하는 경향이 있으며, 타인이 나의 삶을 구원해 줄 거라 믿는 사람은 자신의 능력과 힘을 믿지 못하는 사람이다. 안타깝게도 타인은 우리의 삶을 구원해 줄 수 없으며, 나는 오직 스스로 구원할 수 있다.

작은 나와 커다란 나

유명 칼럼니스트 데이비드 브룩스David Brooks의 저서 『인간의 품격The Road to Character』의 관점을 빌리자면 물질적으로 괄목하게 발전한 현대인들이 만성 공허감과 끊임없는 자기 불만족에 시달리는 여러 가지 이유 중 하나가 '내 인생이 특별할 것'이라는 착각 때문이다. 이런 자아도취적 경향성은 1990년대쯤부터 바뀐 교육 기조에서부터 시작되었다.

1900년대 중반까지 시민 양성과 교육의 관점은 리틀 미Little Me, 즉 '작은 나'였다. 리틀 미 교육 기조에서 건전한 인간이란 나를 높이기보다 낮추고, 사회적으로 성공했거나 특별히 매력적인 인간을 지향하기보다 평범한 수준의 부족한 나를 사랑하며 사람들과 잘 협력하는 사람이다. 이 시기의 미국 대통령 중 하나인 조지 부시George Bush는 연설문에 '나'라는 표현이 들어가면 삭제하기까지 했다.

하지만 1990년 후반기에 접어들면서 교육의 메시지는 바뀌기 시작했다. 리틀 미Little Me에서 빅 미Big Me로의 전환이다. 이때부터 사회에서 말하는 건전한 인간이란 평범함을 수치스러워하는 사람이다. '커다랗지 못한 나', 남들보다 더 주목받지 못하거나, 사회적 명성이 없는 삶은 비루한 것이다.

대중문화에서 전반적으로도 비슷한 메시지를 볼 수 있다. "넌 특별해", "너의 무한한 가능성을 믿어", "우리는 모두 특별하기에 언제든 위대한 일을 해낼 수 있어" 등등. 아이들은 부모의 자아도취적 교육과 미디어 회사에서 만든 애니메이션과 영화를 보며 자신이 얼마나 사랑받고 존경받아야 할 존재인지 끊임없이 되새겼다. 자신을 낮추며 사람들과 잘 지내라는 메시지의 '관계 지향적 문화'에서 스스로를 세상의 중심으로 보는 '자기중심적 문화'로 바뀐 것이다.

심리학 평가 기법 중 하나로 '자아도취 테스트'가 있다. "나는 사람들의 관심을 끌고 싶다", "내 자서전은 세상에 나와야 한다"와 같은 과한 자기애를 평가하는 문장에 답을 하는 방식이다. 놀랍게도 20년 사이 해당 테스트의 중윗값이 무려 30%나 올라갔다. 특히 젊은 층의 93%가 20년 전 청년들의 자아도취 중윗값보다 높았다. 또한 1980년대 걸스카우트의 슬로건은 자기 겸손과 겸양이었지만 지금은 다르다. 오로지 나를 위한, 나에 의한 세상이 도래한 것이다.

현대 이전의 역사에서는 세상에서 잘 지내기 위해 인간으로서 지켜야 할 보편적인 원칙과 질서가 있다고 보았다. 우리를 위한 규칙을 지키지 않는 사람은 '악'으로 규정되어 교화의 대상이 되었다. 하지만 빅 미(Big Me)의 세상에서는 시스템을 위한 원칙 위에 개인의 감정이 있다. 그래서 어떤 사람이 나의 감정을 불편하게 한다면 이유 불문하고 그 사람은 나쁜 사람으로 간주 된다. 세상에 나쁜 영향을 주는 사람이 아니라, 나에게 나쁜 영향을 준다면 그것은 모두 악으로 규정된다.

'오로지 나를 위한 세상'은 우리의 삶을 여러 방면에서 추하게 만들었지만 무엇보다 관계를 가장 추하게 만들었다. 건전한 관계를 만들기 위해 모두가 공유해야 할 첫 번째 전제는 '모두 연약하고 모자란 존재이기에 협력해야 한다'는 사실이다. 하지만 스스로 특별하다고 생각하는 세상에서는 협력할 이유가 없다. 경제학 원론에서 무역이라는 협력이 이루어지기 위한 조건도 '비교 우위'에서 시작된다. 비교 우위를 인정한다는 의미는 내가 어떤 부분에서는 타인에 비해 한없이 부족하다는 사실을 받아들인다는 것이다. 하지만 '나의 부족함'을 인정하기 어려워하는 문화에서는 비교 우위가 희미해지며, 비교 우위가 없어지면 협력을 하지 않게 된다.

'내가 특별하다는 착각'을 주입한 빅 미^{Big Me} 교육 방식은 평범하고 일상적인 자신을 미워하도록 이끌었다. SNS에 게시할 만한 특별한 순간, 특별한 외양, 특별한 소유물이 없다면 그것은 밋밋하고 비루한 삶이다. 너무나 평범하여 '좋아요'를 받지 못하는 일상의 순간은 철저히 외면당하기 시작했다. 그렇게 우리는 일상을 사랑하지 못하게 되었으며, 일상을 사랑하지 못하는 사람들은 내 인생에 특별함을 만들어 줄 특별한 대상, 백마 탄 왕자, 꿈속의 공주를 하염없이 기다리게 된다.

그저 그런대로 괜찮은 것도 괜찮아

20세기의 정신분석학자 도널드 위니콧은 '그저 그런대로 괜찮은 부모^{Good Enough Mother}'라는 단어를 최초로 고안했다. 해당 용어의 의도는 자식의 모든 요구를 다 들어줄 수 있는 이상적인 부모보다는, 미성숙한 인간으로서 때로는 실수도 하고 자식에게 상처를 주는 평범한 부모들이 오히려 자식에게 좋은 영향을 주는 이상적인 부모가 될 수 있다는 의미이다.

이를 인간이 경험하는 최초의 관계인 부모-자식 관계가 모든 인간관계의 초석이라는 관계 불변의 명제와 엮어 얻을 수 있는 통찰은 명백하다. 우리 삶의 대부분을 차지하는 그저 그런대로 괜찮은 나날들, 평범한 일상 속에 사는 평범한 나를 사랑하는 사람만이 관계를 성숙하게 이끌어 나갈 수 있다.

'그저 그런대로 괜찮은 나'를 받아들이는 행위는 나에 대한 태도만이 아니다. 그저 그런 나를 사랑할 줄 아는 사람은 상대의 그저 그런, 부족한 모습을 수용할 줄도 안다. 반면 나의 평범한 모습과 일상을 사랑할 줄 모르는 사람은 타인의 평범함도 받아들이지 못한다.

'평범하기 그지없는 나'를 받아들이는 과정은 젖먹이 아이 시절에도 진행된다. 가령 아이들은 어머니의 젖을 먹으면서 '원할 때마다 젖을 주는 이상적인 엄마'의 모습만 착한 엄마라고 인식한다. 그래서 아이의 성장을 위해 젖을 조금씩 떼는 시기에 큰 갈등이 생긴다. 아이는 더 이상 젖을 주지 않는 엄마를 마주하자마자 충격을 받으며, '저건 우리 엄마가 아니야'라며 현실을 왜곡하거나 외면한다. 이 시기의 아이들은 젖을 계속 먹고자 하는 목표를 달성하기 위해 떼를 쓰고, 울고, 발길질을 하며 온 힘을 다해 악한 엄마에게 대항해 보지만 '젖 주는 착한 우리 엄마'는 돌아오지 않는다. 그 과정에서 자신이 생각보다 특별하지 않고 힘이 없는 약한 존재라는 사실을 깨닫는다.

과한 '커다란 나'로의 교육 때문에 많은 성인이 젖먹이 시절 아이의 모습으로 돌아갔다. 내 특별함을 인정해 주지 않는 사람은 나쁜 사람이며, 관계에 설렘이나 특별함이 없어지면 좋은 관계가 아니라고 판단한다. 하지만 이런 생각을 바꾸지 못한다면, 아무리 떼를 쓰고, 울고, 발길질을 해도 '내 삶을 특별하게 해줄 왕자님과 공주님'이나 '내 삶을 구원해 줄 특별한 관계' 같은 건 나타나지 않는다.

진정으로 자신의 삶을 구원하고 싶다면 젖먹이 아이가 아니라 성숙한 성인이 되어야 한다. 성인이 되기 위한 첫걸음은 '그저 그런대로 괜찮음'을 받아들이는 것이다. 그것이 나와, 너와 우리의 관계를 사랑하게 되는 시작이다. 지속 가능한 사랑을 하고 싶다면 관계를 통해 특별함을 얻는 것이 아니라 - 평범한 일상에 관계가 스며드는 - '그저 그런대로 괜찮은 사랑의 온도'에 익숙해져야 한다.

단순한 권태기와 이별을 결정하는 단 하나의 차이점

nomen(이름)이라는 말은 nomos(법)에서 유래한 말입니다. momina(이름)는 많은 사람들의 placitum(약정)에 따라 부여된 것이니 말입니다.

- 움베르트 에코. (2006). *장미의 이름*. 열린책들

위의 문장을 해석해 보자면, 이름이란 사람 사이에 맺는 일종의 사회적 약속이다. 이름은 원래 있는 것이 아니라 그렇게 부르기로 약속하는 것이다. 이름을 붙인다는 것, 명명(命名) 행위는 어떤 의미가 있을까? 답은 간단하다. 명명을 통해 너, 나, 우리에게 특징을 부여해 '존재하지 않던 특별함'을 부여하는 동시에 대상을 제한할 수 있다. 그래서 장단점이 명확히 존재한다. 먼저 장점에 대해서 알아보자. 명명과 관련된 문학하면 김춘수 시인의 '꽃'이 떠오른다.

내가 그의 이름을 불러 주기 전에는
그는 다만 하나의 몸짓에 지나지 않았다.

내가 그의 이름을 불러 주었을 때,
그는 나에게로 와서 꽃이 되었다.

내가 그의 이름을 불러 준 것처럼
나의 이 빛깔과 향기에 알맞은
누가 나의 이름을 불러다오.

그에게로 가서 나도
그의 꽃이 되고 싶다.

우리들은 모두 무엇이 되고 싶다.
너는 나에게 나는 너에게
잊혀지지 않는 하나의 눈짓이 되고 싶다.

- 김춘수. (1952). 꽃. 한국문학예술저작권협회

해석을 간단히 하자면, 우리가 어떤 대상과 관계를 맺을 때 '이름을 붙이는 행위'를 하기 전까지는 특별한 사이로 나아가기가 굉장히 어렵다. 그렇게 된다고 하더라도 시간이 정말 오래 걸릴테다.

가령 우리가 어떤 이성과 사랑에 빠져서 관계가 시작되

는 것은 자연스레 이루어지는 일이다. 또한 사랑에 빠지면 상대를 독점하고 싶어지기에 재빨리 '사귀자'는 명명 계약을 하여 특별한 관계로 서로를 묶고 싶어진다. 명명 계약 없이 자연스러운 방식으로 서로가 특별한 사이가 되려면 오랜 시간을 함께해야 한다. 그래서 강렬하게 끌리는 사람을 만났을 때 재빨리 특별한 사이로 나아가고자 하는 마음에 급해진 우리가 자주 사용하는 치팅 행위가 바로 '관계에 이름 붙이기'다.

"이제부터 우리는 연인 사이야!" 이렇게 우리의 관계를 연인이라고 명명하고 규정하는 순간, 만난 지 일주일밖에 되지 않은 낯선 타인과도 특별한 사이가 될 수 있다.

우리는 강렬하게 원하는 대상에게 특별한 존재, '하나의 눈짓'이 되고 싶어 한다. 그래서 삶을 되돌아보며 관계에 대해 깊이 생각해 보면 과정상에서 함께 고난과 시련, 성장을 함께하면서 특별해지기보다는 이름을 붙이면서 갑자기 특별해지는 경우가 많다. 사실 이 방법이 마음이 편하고 쉬운 이유는 인간의 자아가 강하고 독립적이지 못하기 때문이다.

명명 행위가 실제 연인 관계에 어떤 의미를 가지는지 조금 더 파고들어 보자. 정신분석학자들의 사랑 분류법을 다시 설명하자면, '사랑에 빠지는 것'은 말 그대로 본능적이고, 성적이며, 관능적인 끌림이다. 누군가를 보며 두근거리고 설레는 감정이 강하게 느껴진다면 사랑에 빠진 것이다.

 '사랑하는 것'은 초기의 본능적인 끌림이 희미해지고 개인 대 개인으로 '서서히 애착 관계를 형성하는 일'을 말한다. 그런데 대다수의 연인은 사랑에 빠지는 일, 본능적 환상의 장막이 희미해질 무렵, 즉 '진짜 사랑을 하기 전'에 이별한다. 사랑하는 것의 과정은 특별하지도 않고 무료하며 평범한 일상의 반복이기 때문이다. 이 과정을 대중 언어의 관점에서는 '권태기'라고 부르는 듯하다.

 사랑의 변환 과정을 명명 행위와 관련하여 해석해 볼 수 있다. 우리는 어떤 상대방과 사랑에 빠지면 관계에 연인이라는 이름을 재빨리 붙이고 싶어 한다. 상대방에게 특별한 존재가 되지 않으면 너무나 불안하고 쓸쓸하기 때문이다. 연인이라는 명명 행위의 효과는 실로 엄청나다. 만난 지 고작 일주일, 데이트는 세 번밖에 하지 않았지만 우리는 서로 연인이라는 칭호를 획득함으로써 서로에게 대단히 특별한 존재가 될 수 있다. 연인이 되기로 이름을 규정한 순간 서로 같이 보낸 시간과는 무관하게 상대방에게 성심성의를 다하고, 많은 시간을 감수해야 한다. 수십 년을 키워준 부모보다 만난 지 한 달 된 연인에게 더 애정을 쏟을 수 있는 이유도 명명의 효과다.

여기까지 들으면 마냥 명명 행위가 부정적인 치팅 행위처럼 들릴 수 있다. 하지만 이편이 인간의 본성에는 더 맞다. 원하는 대상에게 서서히 스며들면서 자연스레 특별해지는 방법은 자아가 약한 인간에게 매우 불편한 방식이기 때문이다. 당신은 사랑에 빠진 대상과 어떤 관계도 정의하지 않으면서도, 불안하지 않은 채로 시간을 오래 함께할 수 있는가? 서로 좋아하는 사이인데 연인 사이를 규정하지 않고도 만남을 지속할 수 있을까? 이게 쉽게 가능하다면 본능을 거스를 수 있는 신의 권능을 가진 사람이다.

물론 인간의 섣부른 명명 행위에 단점도 존재한다. 서로 사랑에 흠뻑 빠지게 되었을 때 우리는 이른 시일 내에 '연인 관계'를 규정한다. 이는 마치 서로에게 1억 원씩 빚을 지고 시작하는 행위와 같다. '사랑을 하는 것', '애착을 쌓아가는 것'의 관점에서는 아직 서로 아무것도 모르는 완벽한 타자와 다름없지만 일단 그냥 '우린 특별해'라며 규정하고 시작하기 때문이다.

연인들이 시간이 지날수록 불만이 쉽게 생기고, 관계에 금이 가기 시작하는 이유도 바로 여기에 있다. 실제로 내면에서 관계가 특별해지는 과정은 '적금을 쌓는 일'처럼 천천히 이루어지지만, 시작부터 자의적으로 관계에 너무 비싼 값을 매기고 시작했기 때문이다.

쉽게 말해서 '사랑하는 것'은 한 달에 10만 원씩 적금을 쌓는 프로세스를 가지지만, '사랑에 빠져서 연인 관계를 명명하는 행위'는 시작부터 1억 원씩 서로에게 빚을 지고 시작하는 프로세스를 가졌다. 이 둘의 방향이 다르기에 연인 관계를 유지하는 게 쉽지 않은 것이다.

어떤 커플이 연인으로서의 관계를 시작한 지 일주일이 되었다고 가정해 보자. 아마 가장 사이가 좋은 시기일 것이다. 그런데 사실상 이 둘은 서로에 대해 아무것도 모르며 깊은 애착이 있지도 않다. 알고 지낸 지 고작 한 달밖에 안 된 사이니까 어찌 보면 당연하다.

하지만 '연인 관계'가 되었기 때문에 마치 20년 동안 감정을 나눈 사이처럼 서로에게 특별 대우를 해줘야 한다. 그래서 어떤 사람은 마치 상대방의 관심과 친절, 호의가 권리인 양 행동하기도 한다. 이럴 때 상대방은 이렇게 생각할 수 있다. '나한테 뭐 맡겨 놨나?'

따지고 보면 맡겨놨다는 말이 맞을 수도 있다. 연인 관계를 규정함으로써 1억 원씩 빚을 지고 시작했으니 말이다. 그래서 좋지 않은 방향으로 흘러가는 연인 관계를 살펴보면 서로 빚에 허덕이는 모습을 가진 경우가 많다.

'너 빚(나에게 줘야 할 친절과 사랑) 빨리 갚아. 채무계약서(연인 관계 규정 계약서)에 사인했잖아. 왜 안 갚니?'

하지만 우리가 항상 염두에 둬야 할 사실은 최초의 채무 계약과는 다르게 '사랑을 하는 것'의 관점에서는 서로 알고 지낸 지 얼마 되지 않았다는 점이다. 사실상 대부분의 초기 연인 관계는 그리 특별하지 않으며, 서로의 애정 계좌에는 고작 10만 원씩 쌓여있는 상태다. 빚은 우리의 마음에만 존재할 뿐이지 실제로 갚아야 할 감정적 채무는 없다. 그래서 상대방의 관심과 친절, 호의는 절대 당연한

게 아니다.

그렇기에 모든 관계에서 서로에게, 또 우리가 같이 평범한 일상을 공유하고 지켜줄 수 있음에 '꾸준히 감사하는 마음'이 중요하다. 감사하는 마음은 온데간데없고 당연히 내가 받아야 할 것을 못 받았다고 서로에게 투정하는 관계는 이미 망가진 관계다. 많은 커플이 초기의 열정적인 마음이 희미해지고 지루한 일상적 관계가 지속될 때 지금 느끼는 감정이 '권태기'인지, '헤어져야 하는 신호'인지 헷갈리곤 하는데 이를 구분하는 가장 훌륭한 방법이 '감사함이 있는가'이다. 연애 초의 뜨거운 마음이 없어도 서로에게 감사한 마음이 있다면 그것은 건강한 관계다.

고독력 기르기

타인과 보내는 평범한 일상을 사랑하려면 먼저 내가 보내는 평범한 일상을 사랑할 줄 알아야 한다. 자신의 평범한 일상을 사랑하기 위해 가장 필요한 능력이 '고독력'이다. 고독력은 스스로 외로움을 선택하고 그것을 즐기는 능력을 말하며, 혼자만의 시간을 즐기려면 일상의 사소한 순간들을 사랑해야 한다.

'고독함'과 '외로움'은 다르다. 현대의 개인 정신 건강 문제 중 하나로 '외로움'이 떠오르고 있는데, 사실 외로움은 개인적인 건강 문제라기보다는 사회적인 건강 문제에 가깝다. 외로움은 혼자 있어서 발생하는 감정이 아니라 남들과 함께 있을 때 생기는 감정이기 때문이다. 쉽게 말해 외로움은 연애를 하지 않아서 생기는 게 아니라 - 연애를 잘못하고 있을 때 - 분명 연인 사이이지만 상대방과 정신적으로 연결되지 않을 때 생기는 감정이다. 즉 어떤 대상과 어설프게, 피상적으로 연결되어 있을 때 외로워진다.

그래서 외로움이라는 현대인들의 고질병은 앞으로 더 심해질 수밖에 없다. 우리는 실제 만남 없이 SNS에서 피상적인 교류에 익숙해지고 있는데, 그럴수록 개인은 더 외로워진다. SNS에서 스크롤을 무한정 내리는 우리를 살펴보면 육신은 좁은 방에 홀로 남겨져 있지만, 정신은 혼자가 아니라 수백, 수천만 명의 불특정 다수와 함께하고 있다. 서로를 깊이 이해하는 소수의 강한 애착 관계는 없고, 연약하게 연결된 다발성 관계만큼 사람을 외롭게 하는 상황은 없다. 다수의 타인 사이에서 자신의 일부만 수용되는 느낌은 지속적인 외로움을 만들어낸다.

외로움을 피할 수 없는 우리에게 필요한 능력이 '고독력'이다. 고독은 자유의지로 선택한 자발적인 외로움을 뜻한다. 현대 사회의 특수적 상황에 의해 타의로 당하는 외로움이 우리를 괴롭게 한다면, 자발적으로 외로움을 택하는 시간을 만들면 된다. 온전히 홀로 설 수 있는 시간을 갖는 자세가 필요한 것이다.

보통의 외로움은 타인에 의해 만들어지는 외로움이기에 타인의 위로와 수용이 필요하다. 타인의 손길 없이는 해결하기 어렵다. 하지만 고독이라는 스스로 선택하는 외로움에 익숙해지면 외로움이 통제 가능한 감정이 된다.

이런 외로움은 위로와 수용을 필요로 하지 않는다. 무엇보다도 스스로 선택한 혼자만의 시간은 진짜 혼자가 아니라 '내가 나와 함께 하는 시간'이라는 의미를 가진다. 이 시간에 나와 소통하며 대화를 나눌 수 있다. 겉으로 보기엔 전혀 특별할 것 없는 사소한 일상의 순간이지만 정말 사랑스러운 시간이다.

위로와 수용을 필요로 하지 않는 독립적인 성향, 소통과 대화하는 능력 모두 성숙한 관계에 필요한 역량이 아닌

가. 인간의 위대한 생각에 영향을 준 유명 사상가들은 성장을 원할 때마다 세상에서 벗어나 스스로 혼자를 택했다. 니체Nietzsche는 스위스의 오두막으로, 비트겐슈타인Wittgenstein은 노르웨이의 은신처로, 하이데거Heidegger는 검은 숲의 피난처를 택했다.

그들은 홀로서기를 택함으로써 특별해질 수 있었다. 타인이나 SNS에 게시할 수 있는 특별한 순간이 아니라 혼자 시간을 보낼 때, 비로소 우리가 특별해진다는 사실을 깨달아야 한다. 일상 속에 홀로 있어도 행복과 특별함을 얻어낼 수 있는 사람은 나를 구원해 줄 특별한 이벤트, 백마 탄 왕자, 꿈속의 공주님을 고대하지 않는다. 즉 스스로 외로움을 택하여 혼자 일상의 순간들을 즐기는 능력, 고독력은 나와 삶을 사랑을 하기 위해 길러야 할 주요 능력 중 하나다.

"하지만 우리가 항상
염두에 둬야 할 사실은
최초의 채무 계약과는 다르게
'사랑을 하는 것'의 관점에서는
서로 알고 지낸 지 얼마 되지
않았다는 점이다.
사실상 대부분의 초기 연인 관계는

그리 특별하지 않으며, 서로의 애정
계좌에는 고작 10만 원씩 쌓여있는
상태다. 빚은 우리의 마음에만
존재할 뿐이지 실제로 갚아야 할
감정적 채무는 없다. 그래서 상대방의
관심과 친절, 호의는 절대
당연한 게 아니다."

[참고하면 좋을 다니엘의 영상 콘텐츠]

여성의 가치를 결정하는
가장 중요한 기준

권태기와 사랑이 식었을 때의
결정적인 차이점

9장

잘못된 소유욕에 대한 빨간약

흐르는 물을 잡을 수 있는가

사랑에 빠져 본능적 끌림에만 휘둘리는 사람들은 사랑한다는 명목으로 상대를 물화(物化)하기 쉽다. 자기만의 금고에 그를 가두거나, 자신이 그에게 감금당함으로써 하나가 되기를 원한다. 현대인들은 상대를 있는 그대로, 인간으로서 사랑하는 일에는 관심이 없다. 물건을 상품화하고 가격 태그를 붙여 교환하는 행위에 만족하지 못하고 자연과 사람마저 상품으로써 소유하려 한다. 모든 것을 상품화하여 소유하면 정신적 구원이 오리라 착각한다.

하지만 이는 인간의 본성에 맞지 않다. 특히 원하는 대상에 대한 소유에 집착할수록 그와 멀어지고 정신은 소외되며 관계는 처절하게 종료될 것이다.

인간관계는 돈과 비슷한 성질을 가졌다. 그래서 관계와 사람에 대한 이해가 빠른 사람은 부를 얻기도 쉽다. 그러니 돈이 무엇인지부터 알아보자. 수조 원 이상의 자산가인 워런 버핏 Warren Buffett이 말하길, 투자자 전체의 관점에서 보면 매매 횟수, 행동이 늘어나면 전체 수익률이 낮아진다고 한다. 너무 많이 매매를 하면 돈을 잃을 가능성이 높다는 의미이다. 그 이유는 주식은 '알아서 움직이는 자산'이기 때문이다. 그래서 많은 전문가가 주식 시장 참여자한테 이렇게 말한다.

> "우량한 주식을 샀으면 제발 어떤 행동도 하지 마세요. 주식 시장에서는 매매창을 끊임없이 들여다보며 추가 행동을 하는 사람보다는 아무것도 안 하는 사람의 수익률이 월등히 높습니다. 아무것도 안 하고 관조할 수 있는 능력이 필요합니다."

우리가 사는 세상에는 크게 두 가지 성질의 물질이 존재한다. 하나는 내가 굳이 움직여야만 제 기능을 하는 물질이고, 다른 하나는 알아서 활동하는 물질이다. 예를 들어, 신체의 경우 스스로 활동적으로 움직이며 훈련해야 건강해진다. 심혈관계 능력을 강화하고자 하는 사람은 매일 의지를 갖고 운동에 임해야 한다. 스스로 생각하는 능력을 기르고 싶을 때도 마찬가지다. 이 경우 열심히 활동할수록 그에 맞는 보상이 분명히 있다.

하지만 우량한 주식처럼 '알아서 움직이는 물질'은 다르다. 오히려 열심히 하고 더 가지려 집착할수록 보상과는 멀어지는 경향이 있다. 그냥 자연스럽게 거리를 두고 관조

할 줄 알아야 오히려 우리 곁에 머무르며 대상과 좋은 관계를 맺을 수 있다.

사람들 사이에서 이루어지는 '관계'도 '돈'과 비슷한 성질을 지녔다. 그럴 수밖에 없는 세상의 이치가 있다. 많은 사람이 돈을 그저 물질을 소유하기 위한 도구의 개념으로 보지만, 본질적으로 돈은 사람들 사이의 '신뢰 교환 시스템'이다. 경제적 자산을 근거로 사람의 안정성을 '신용 점수'로 측정하는 이유도 이와 같다. 돈도 결국 인간관계처럼 사람들과 깊은 신뢰를 갖고 협력하기 위해 만들어진 수단이다.

인간관계 또한 돈처럼 주체들이 자유의지에 따라 알아서 움직이고 자연스레 흐르는 원리로 이루어져 있다. 내가 메신저로 백 번 집착한다고, 방에 가두어 소유한다고 상대방의 마음이 내 것이 되지 않는다. 상대방은 그냥 본인의 의지에 따라 알아서 움직인다. 초조한 마음에 매매 횟수, 행동을 늘릴수록 상대의 마음은 더 멀어진다.

돈과 관계는 흐르는 물과 같다. 흐르는 강물과 시냇물을 즐기는 가장 좋은 방법은 곳곳에 앉아 관조하는 태도이다. 물을 원한다고 아무리 잡으려 노력해도 절대 잡히지 않는다.

여성이 남성의 인간관계보다 취약한 이유

여성들 간의 관계가 매우 취약한 이유를 분석하면 인간관계를 어떻게 해야 성숙한 형태로 오래 유지할 수 있는지 배워볼 수 있다. 인간관계를 분석하는 사회심리 연구자들 사이에서는 남성들 사이에서 이루어지는 관계보다 여성들 간의 관계가 훨씬 연약하다는 동의가 있었다. 조이슨 베넨슨의 '10대 청소년들의 절친한 동성 친구에 관한 연구'에 따르면, 여자아이들의 우정 지속 시간이 남자아이들의 지속 시간보다 짧았다. 여자아이들은 친구에게 상처를 줄 만한 언행을 할 가능성이 높았고, 관계가 찢어지는 경험을 남자아이보다 많이 했다.

이는 어린아이들 표본에만 국한되지 않는다. 관계의 갈등 상황에서 여성은 남성에 비해 상대를 쉽게 용서하지 못하는 것으로 나타났으며, 상대가 화해하자고 다가왔을 때도 훨씬 까다롭게 굴었다. 또한 여성 동성 부부들이 헤어지는 비율이 남성 동성 부부들이 헤어지는 비율보다 높고, 이혼한 부부 중 결혼 지속 시간이 가장 짧은 커플의 조합 또한 여성 동성 부부였다. 그들은 평균 2.8년을 함께 살다가 헤어졌다. 이는 서유럽 모든 국가에서 공통으로 나타났다.

이런 결과가 나오는 이유는 여성들이 인간관계에 너무 집착하기 때문이다. 그래서 좋아하는 사람이 생기면 언제나 함께하려고 하며, 의견 충돌이 생기면 그것을 하나로 합치기 위해 필요 이상의 노력을 한다. 반면에 남성들 간의 관계가 비교적 더 오래가는 이유는 인간관계를 대충하기 때문이다. 관계는 돈과 같아서 행동이 과하게 많아지거나 손에 쥐려고 할수록 손실을 볼 가능성이 높아진다.

연인, 부부관계를 지속하고자 하는 이들이 위 연구를 통해 배울 수 있는 구체적인 행동 강령은 무엇이 있을까? 대부분의 갈등은 아주 사소한 의견 마찰에서 시작된다. 이때 우리가 주의해야 할 점은 너무 빨리 하나가 되려고 하거나, 갈등을 해결하려고 하는 조급한 태도다. 가끔은 화가 난 채로 잠자리에 들 줄도 알아야 한다.

다음 날 일어나서 동네를 산책하며 천천히 돌아보면 최초의 생각보다 큰일이 아님이 느껴지는 경우가 대다수다. 그래서 사랑하는 사람과 갈등이 생겼을 때 보유한 주식이 지금 당장 곤두박질친다고 매도 버튼을 누르는 어리석은 투자자처럼 되어서는 안 된다. 감정은 휘발되지만 조급함으로 인한 손실과 상처는 남는다.

  상대에게 상처 주는 말, 나쁜 감정이 섞인 언행을 전달하기 전에 시간을 유보하는 습관을 지니자. 장소를 바꾸는 선택도 훌륭한 대처다. 일상적인 공간에서 갈등이 생겼다면 교외 카페로 나가거나, 조용한 자연을 찾아 차분하게 대화를 나눠보자. 공간을 이동하는 시간에 나쁜 감정의 많은 부분이 희미해질 테니까 말이다.

너무 받는 사랑은
사랑이 아니었음을

  사람을 물건 취급하며 소유하려는 사랑의 방식에 생기는 문제가 하나 더 있다. 상대와 관계를 맺음으로써 무언가를 받기만 하려는 자세다. 예컨대 명품 소비에 집착하는 이유는 사치품으로 온몸을 치장함으로써 타인에게 인정을 '받기' 위함이다. 좋은 자동차를 사는 이유도 마찬가지다. 우리는 남들과 다른 혜택을 얻기 위해 물건을 구매하고 소유한다.

명품을 소유하는 것처럼 사랑을 하는 자들이 있다. 이들은 대개 사랑에서 생기는 문제는 '사랑하는 문제', 즉 사랑을 하고 주는 문제가 아니라 '사랑을 받는 문제'라고 착각한다. 이런 관점에서는 '어떻게 하면 더 사랑받을 수 있는가', '어떻게 하면 상대가 나에게 사랑에 빠질 수 있는가'가 일생일대의 중요한 문제가 된다.

수많은 연애 콘텐츠에서도 '이성 앞에서 어떤 말을 하고, 어떻게 행동하며, 어떤 옷을 입으면 사랑받을 수 있는지'에 대해서 주로 언급한다. 청자의 최대 관심사도 어떻게 하면 상대가 나에게 사랑에 빠질 수 있는지, 어떻게 하면 여성스럽거나 남자다울 수 있는지다.

한편 무슨 이유에서인지 '상대방을 어떻게 사랑할 것인가?'에 관한 이야기는 잘 찾아볼 수 없다. 오로지 상대방을 어떻게 유혹할지에 혈안이 되어 있다. 이렇게 우리 사회는 '사랑을 하는 것'보다 '사랑을 받는 것'에 집중한다. 하지만 안타깝게도 이는 사회에 미성숙하고 비인간적인 이들이 만연하다는 이야기다. 이런 경향성이 심화할수록 우리가 그토록 원했던 '빨간색 하트'와 멀어진다.

에리히 프롬, 도널드 위니콧 등 정신분석학자들은 부모와 자식 관계에서 이루어지는 사랑을 유추하여 인격의 성장을 설명한다. 갓 태어난 아이들은 상대에게 무언가를 줄 수 있는 능력이 전무한 매우 유약하고 보잘것없는 상태다. 단 한순간도 양육자의 보살핌을 받지 못하면 생명이 위험해진다. 아이들은 무조건 사랑을 받아야 하는 수동적이고 연약한 상태다.

이런 아이들도 여덟 살이 넘어가면 정서적 변화를 겪는다. 양육자에게 받은 수많은 사랑을 보답하고 싶어 하며, 보답할 능력이 생긴다. 또 원하는 것을 얻기 위해 먼저 사랑을 주기도 한다. 양육자를 기쁘게 하거나 기대에 부응하기 위해 자신의 능력을 활용하여 그림을 그려 주기도 하고, 노래를 불러주거나, 공부를 열심히 하기도 한다.

여기서 알 수 있는 사실은, 한 사람의 인격이 아이에 가까울수록 받기만 하는 사랑을 지향하고, 성숙할수록 먼저 주는 사랑을 지향한다는 점이다. 인간의 자아는 18개월에서 24개월 사이에 발달하기 시작하는데, 그래서 18개월 전의 아이는 스스로와 세상을 제대로 지각할 수 있는 능력이 없기에 누군가의 전적인 도움이 필요하다. 즉 자아가 없는 불안한 인간일수록 무조건적으로 받는 사랑을 갈구한다.

사랑하는 것에 어떤 '능력'이 필요하다면, 사랑을 받는 능력보다 사랑을 주는 능력이 훨씬 더 고귀하고 희소한 능력임이 자명하다. 물론 우리 모두에게는 유아기적인 충동이 있기에 대부분의 사람이 무의식적으로 사랑받기를 원한다. 하지만 모든 사람이 사랑받기를 원한다면, 사랑을 줄 수 있는 능력이 진짜 능력이라는 사실을 직관적으로 알 수 있다.

모두가 쌀을 원한다면 쌀을 만들 수 있는 사람이 능력자이고, 모두가 돈을 원한다면 돈을 만들어낼 수 있는 사람이 능력자다. 사랑도 마찬가지다. 모두가 사랑받기를 원한다면, 사랑을 주는 능력을 갖춘 사람이 진짜 능력 있는 사람이다.

무엇보다 사랑을 '받는 문제'로 귀결하는 순간, 우리는 통제권을 잃는다. 영화 「토이 스토리」의 주인공이 되는 인형들이 함정에 빠지게 되는 이유도 주인에게 '사랑받지 못해서'다. 사랑을 받는 문제로만 생각하는 사람들은 매대 위에서 새 주인의 사랑을 애타게 기다리는 목각인형과 다름없다.

반면 사랑을 '주는 문제'로 여기는 순간 우리는 진정한 자유를 얻을 수 있다. 주는 것은 능동적인 행위이기에 우리가 통제할 수 있고, '내가 세상에 이바지할 수 있는 사람'이라는 자아존중감, 성취감과 함께 더 나은 인간으로 성장할 수 있다. 세상의 인형으로 살지, 주인으로 살지는 그대들의 선택이다.

스스로와 관계를
구원하는 유일한 길

받는 행위, 받는 사랑에 유독 집착하는 사람은 자존감이 매우 낮은 사람일 가능성이 높다. 자신의 능력으로 세상의 혜택과 아름다움을 얻어낼 수 없으니 타인의 능력에 의존한다. 그리고 정말 슬프게도, '내가 가장 특별한 존재'라는 빅 미(커다란 나) 교육을 받은 세대들이 역설적으로 자존감이 낮다. 그리고 낮은 자존감의 원인 중 하나는 '특별해야만 하는 커다란 나' 교육으로 인한 높은 자의식 때문이다.

많은 심리학자가 '강한 자의식'을 현대인들이 불행해지는 제1원인으로 꼽는다. 그렇다면, 자의식Self-Consciounesss이란 무엇일까? 말 그대로 스스로에 대한 인지, 자신에 대한 자각이다. 내가 어떤 사람인지, 무엇을 잘하는지, 무엇이 부족한지에 대해 생각하는 개념이다. 자의식은 자기에 대한 전념, 자신에 대한 몰입된 생각을 말한다.

'커다란 나' 교육을 받은 청년 중에 자의식이 높은 경우가 많다. 기성세대와는 다르게 형제들도 적고, 교육 기조가 바뀌어 한 명 한 명 귀하게 자랐기 때문이다. 그리고 자의식이 너무 강해지면 오히려 '특별한 나'를 잃어버리게 된다. 자의식이 강한 사람들은 스스로 타인에게 어떤 이미지로 비치는지에 대해서만 깊게 생각하는 경향이 있다. 쉽게 비유하자면 자의식이 높은 사람들은 헬스장에 운동하러 가서도 본인이 어떤 이미지로 보일까만 생각한다. 그러니 운동의 즐거움을 느낄 겨를이 없다.

사교 파티에 놀러 가서도 마찬가지다. 자의식이 높은 사람은 자신의 외양과 이미지만 생각하면서 옷매무새를 가다듬는 데 대부분의 시간과 에너지를 쓴다. 만족의 근원이 모두 '내 감정'과 '내 기분'이다. 파티에서 자신이 최고로 특별해야 하며, 남들이 날 떠받들어야 만족한다. 이런 사람이 사교 파티를 제대로 즐기는 건 불가능하다. 나만 생각하느라 진정한 사교를 할 시간이 없으며, 그들은 결국 파티가 무의미하게 느껴지고 쉽게 지친다.

자의식이 강하면 인생이라는 파티 자체를 즐기지 못한다. 우리가 파티를 진정으로 즐기려면 사교 장소에서 타인에게 무언가를 이바지할 수 있을지부터 생각해야 한다. 다른 사람들의 외모도 칭찬해 주고, 한 명 한 명 눈을 바라보면서 진심을 다해 안부도 묻고, 상대의 발언을 끌어내며, 소외된 사람을 신경 써주는 일로 타인에게 이바지할 수 있다. 이런 사람들이 적절한 수준의 자의식을 가진 사람이며, 관계와 교류가 목적인 파티를 진정으로 즐길 수 있다. 오히려 '나'만 생각하는 자의식을 내려놓음으로써, 시선을 타인에게 향하게 하며 자신의 위치를 찾는 모습이다.

인간이 가진 주요 특성을 정의할 때, 흔히 사회적 동물 Zoon Politikon을 꼽는다. 인간은 높은 사회성을 기반으로 대규모 협력에 성공해 우수한 영장류가 되었다. 어찌 보면 인간의 생은 매 순간 이루어지는 사교 파티에 가깝다. 그래서 자의식이 강한 사람들은 평생 자신에 대해서만 생각하다가 타인과 진정으로 교류하지 못하고, 본인의 기능과 역할, 어떤 위치도 찾지 못한 채 삶을 진정으로 즐기지 못하게 된다. 우리는 사랑받지 못함에 슬퍼할 게 아니라, 사랑을 주지 못하는 자신에게 눈물 한 방울을 더 나누어 주어야 한다.

엔진 설계도를 버려라

특별 대우와 사랑을 받지 못해서 상처받은 현대인들은 그럴수록 자꾸 자신에 대해서만 생각한다. 하지만 불안, 공허, 상처 앞에서 나에 대해서 생각하는 태도는 아무 도움이 되지 않는다. 사람을 하나의 자동차 엔진이라고 생각해 보자. 자동차 엔진에 약간의 결함이 있어 달릴 때 덜그럭거리는 소리가 나는 상황이다.

여기서 우리가 해야 할 일은 자동차 엔진의 설계도를 공부하고, 결함을 확인한 후 재빨리 다시 주행을 하는 것이다. 자동차는 달리지 않으면 금세 고장 난다. 주행을 해봐야 결함을 잘 고쳤는지도 알 수 있다. 그런데 어리석은 누군가는 완벽한 자동차를 만들겠다며 엔진 설계도만 1년 내내 쳐다보고 있다. 어쩌면 평생 엔진 설계도만 분석하다가 운전 한 번 제대로 못 하고 생을 마감할지도 모른다.

사랑 앞에서 미숙한 이들의 모습이 이와 같다. 원하는 수준의 사랑을 받지 못하면 자신의 외모, 스펙, 어린 시절의 상처 탓을 한다. 자신이 어딘가 부족해서 그런 거라 생각하며 더 예뻐지면, 더 좋은 직장을 가지기만 하면 원하는 사랑을 받을 수 있을 거라 착각한다. 스펙을 완벽하게 갖추면 완벽한 사람을 소유할 수 있고, 그 결과 불만족스러운 인생을 구원받을 수 있을 거라 생각한다. 단단한 착각이다.

자의식이 높고, 자존감이 낮은 사람들은 보통 스스로를 경멸하고 있다. 이런 사람들이 스스로를 경멸하지 않기 위해 가장 먼저 해야 할 일은 자신의 내적 상태, 내면 설계도에 대해 더 이상 생각하지 않는 것이다. 불안하거나, 외롭고 슬프면 그 감정이 왜 생겼을까 꼬리를 물을 게 아니라, 불안해하고 외로워하는 타인을 위로해야 한다. 그럴수록 내 불안감과 슬픔은 사라질 것이다. 타인을 보듬는 것이

곧 나를 보듬는 것이다.

인간은 세상을 향해 나아가야 자기 자신에게 진정으로 도달할 수 있다. 시선이 외부로 향하지 않고 내 기분, 감정만 생각할수록 우리는 미쳐가며, 사랑할 수 있는 인간적 능력을 상실한다. 어떤 사람의 가치, 그 사람의 특별함은 스스로에 대해 얼마나 전념하는가로 정해지지 않는다. 사람의 가치는 타인과 세상에 얼마큼 헌신할 수 있는가로 정해진다.

인간은 자신의 정체성을 다른 누군가를 통해서만 찾을 수 있다. 독일어 부사를 살펴보면 저기(dort)라는 단어가 먼저 생기고 여기(hier)가 생겼다. 사랑을 줄 수 있는 '너'가 있어야 받을 수 있는 '나'도 정의될 수 있다.

파란색이 파란색으로 보이는 이유

여기 파란색 유리가 있다. 빛을 통과시키면 파란색으로 보이는 반사판이다. 해당 환경에서 왜 빛이 파란색으로 보일까? 반사판 내부에 파란색이 없어서 우리 눈에 파란색으로 보이는 것이다. 우리의 자아, 자의식 또한 이와 같다.

나를 세상에 던져 빛나는 존재로 보이게 하고 싶으면 나를 완전히 비워야 한다. 나를 빛나게 하는 방법은 자신을 명품으로 치장하는 게 아니라, 사랑하는 사람을 위해 어떤 소중한 선물을 할지 고민하는 행동이다. 생일 선물을 받는 사람보다, 생일을 챙겨주는 사람이 타인에게 더 빛나는 사람으로 보인다. 받는 것에 익숙한 사람이 아니라 최선을 다해 주는 사람이 결과적으로 인생이란 파티의 주인공이 된다.

자신을 투명하게 만든 만큼 인간은 자기를 제대로 실현할 수 있다. 무언가에 봉사하거나, 사랑하고, 헌신하면서 말이다. 자신의 과업에 완벽히 몰입하여 나를 잊을수록 우리는 더 빛나게 된다.

인간의 가치는 '자기 투명성'을 통해 결정된다. 개인적 기대와 욕심, 사람을 소유하려 하지 않고 내면을 투명하게 비운 채 누군가에게 헌신하는 삶을 살수록 우리는 특별해질 수 있으며 만성 불안과 공허감에서 구원받을 수 있다. 받음과 소유적인 사랑에 매달릴수록 우리는 심연의 지옥 구덩이 속으로 빨려 들어갈 것이다.

니코스 카잔차키스Nikos Kazantzakis의 『그리스인 조르바Zorba the Greek』의 한 구절처럼, 자신을 구하는 유일한 길은 남을 구하려고 애쓰는 일이다.

"인간은 세상을 향해 나아가야
자기 자신에게 진정으로 도달할 수 있다.
시선이 외부로 향하지 않고
내 기분, 감정만 생각할수록
우리는 미쳐가며, 사랑할 수 있는
인간적 능력을 상실한다.

어떤 사람의 가치, 그 사람의
특별함은 스스로에 대해 얼마나
전념하는가로 정해지지 않는다.
사람의 가치는 오직 타인과 세상에
얼마큼 헌신할 수 있는가로
정해진다."

[참고하면 좋을 다니엘의 영상 콘텐츠]

 2주 만에 자존감과 삶의 만족도를 최대로 높이는 방법

매력적인 사람과 주식 잘하는 사람의 뜻밖의 공통점

10장

어리석은 결합욕에 대한 빨간약

좋은 부모, 좋은 사람

1장에서 모든 인간관계의 초석이 '부모-자식' 관계라는 걸 배웠다. 그래서 모든 관계의 목적은 하나가 되는 게 아닌 독립이며, 성숙한 관계란 서로 연결되면서도 서로의 독립성을 존중해주는 것이다. 하지만 많은 연인이 독립성을 제대로 가지지 못한다. 엄마가 눈앞에서 사라지면 대성통곡하는 어린아이처럼 모든 순간을 상대와 함께하고 싶어 하며, 다른 의견을 견디지 못하는 일이 허다하다.

한 인간의 생애를 '관계'의 관점에서 살펴보자. 어린아이는 독립할 수 있는 힘이 없기에 부모님의 전적인 도움이 필요하다. 여기서 부모의 도움이란 '성장하여 독립할 수 있도록 도와주는 일'이다.

그렇다면 성장하여 독립하는 일은 어떤 의미인가? 누군가의 부모가 될 수 있는 사람이 되는 것을 말한다. 우리는 부모의 보호를 받는 힘없는 아이로 태어나서, 누군가의 부모가 되는 과정을 겪어야 한다.

성인은 부모님으로부터 독립하여 자신의 부모가 될 줄 알아야 한다. 타인의 어머니이자 아버지, 또 스스로가 자신의 부모가 될 수 있는 것, 그것을 진정한 의미의 '성장'이라고 부르며 분석심리학의 창시자 칼 구스타프 융Carl Gustav Jung은 '개성화'라는 표현으로 정의했다. 개성화란 타인과의 관계 속에서도 자신의 독립성과 개성을 잃지 않으며 스스로 일어설 수 있는 나를 단련하는 과정이다.

미성숙한 이들은 개성화 과제를 외면한다. 끊임없이 유년 시절 극복하지 못했던 분리 불안을 해소해 줄 부모 같은 존재를 찾아 헤매는 것이다. 그리고 이런 이들이 연애나 결혼 생활을 할 때 인간관계에서 생길 수 있는 모든 부정적 문제가 발생한다. 연락에 극도로 집착하는 사람이 있다고 가정해 보자. 이 사람은 상대가 연락이 되지 않았을 때 "상대방이 날 사랑하지 않아서 그렇다"라며 무조건 타자에게 화살을 돌린다. 하지만 실상은 본인이 분리 불안을 극복하지 못한 연약한 아이에 불과하다는 진실을 말하고 있는 셈이다.

연인 관계에서 발생하는 모든 미성숙한 행동을 살펴보면 결국 "나는 내면의 어머니와 아버지를 기르지 못했다. 그래서 상대방은 내 부모의 역할을 해주어야 하고, 그렇지 못했을 때 너무 불안하다"라는 유아기적 심리가 깔려 있다. 반대로 내면에 어머니와 아버지를 기른 사람들은 더 이상 외부 세계의 실제 부모가 필요하지 않다. 그래서 타인에게도 부모가 해야 할 역할을 기대하거나 강요하지 않는다. 이미 내 안에 부모님이 있기에 부모 같은 존재가 필요 없는 것이다.

타인과 내가 맺는 관계의 수준은 내가 나와 맺는 관계의 수준과 동일하다. 결국 인간관계에서 생기는 모든 문제는 내 미성숙함과 극복하지 못한 연약함, 결핍 때문에 발생한다는 뜻이다. 내면에 어머니와 아버지가 없기에 상대에게 일방적인 부모 역할을 바라게 되고, 나에게 부가 없는 사람은 상대에게 부를 바란다. 또 내면에 남성성이 없는 사람은 상대에게 남성성을, 여성성이 없는 사람은 상대에게 여성스러움을 바라게 된다.

즉 상대에 대한 집착, 소유욕 등 관계에서 피해야 할 행동을 끊어내지 못하고 계속하는 이유는 우리가 성인으로서 길러야 할 역량, 누군가의 부모가 되기 위한 능력을 기르지 못해서이다. 다른 말로 개성화 과제를 외면했기 때문이다. 그래서 파트너와 고통이 생길 때 절대 하지 말아야 할 행동이 상대의 미숙함부터 탓하는 자세이다. 관계의 구성원은 먼저 자신의 미성숙함을 인정하고 적극적으로 대화와 소통에 임해야 한다.

사랑이란 너를 알아가기 위해 시작했다가 결국 나를 알게 되는 내면의 여행이다. 그래서 사랑을 하는 과정에서 생기는 고통이 너 때문인 줄 알았지만 결국 내 탓이라는 사실 또한 깨닫게 된다. 이 사실을 모르는 사람들은 파트너와 잘 지내기 위해 단순히 로맨틱한 시간을 더 많이 보내려고 노력하거나 빛나는 선물을 주는 데에 열정과 에너지를 쏟는다. 하지만 관계의 목적은 독립, 즉 더 나은 사람으로 발전하기 위한 개성화 과제이기에 더 성장한 나만큼 가치 있는 선물도 없다. 상대에게 줄 수 있는 최고의 선물은 최선의 나다.

그래서 이제부터는 나를 최고의 선물로 만드는 법, 최선의 나가 되기 위한 전략, 개성화 과제를 실현하기 위해 필요한 능력 7가지를 설명하려고 한다.

개성화 과제 1
일관성

지난 장에서 다뤘던 '애착 유형'에 대해 잠깐 다시 설명해 보겠다. 애착 유형은 관계를 맺을 때 작동하는 심리적 관계 소프트웨어다. 크게 회피, 불안, 안정형으로 나뉘며 각 소프트웨어의 특성에 대해 요약하자면 이렇다.

회피 애착 유형: 회피 애착 유형을 가진 사람들은 상대와 갈등이 있을 때 아예 관계 자체를 차단하려고 한다. 이들의 머릿속에 있는 소프트웨어는 '불활성화 전략'이다. 불활성화 전략이란 관계에서 문제가 있을 때 상대와 멀어짐으로써 해결하는 전략을 말한다. 모든 문제는 상대와 내가 너무 가까워서, 너무 사랑해서 그렇다고 여기며 상대를 덜 사랑하기로 결심하며 멀어지는 방식으로 모든 불안을 잠식한다.

불안 애착 유형: 불안 애착 유형을 가진 사람들은 누군가를 사랑할 때 긴장을 풀지 못하며 상대에게 집착한다. 이들의 머릿속에 있는 소프트웨어는 '항의 행동'과 '활성화 전략'이다. 항의 행동이란 관계에 갈등이 있을 때 상대에

게 집착하고 사랑을 갈구하는 방식으로 불만을 잠재우는 모습을 말한다. 또 상대와 문제가 있거나 심리적 거리가 있는 상태를 견디지 못하고 계속 파트너와 가까워지려는 전략만을 택한다.

안정 애착 유형: 안정 애착 유형을 가진 사람들은 어떤 상황이 와도 안정적인 인간관계를 만들고 유지하는 방법에 대한 방법론을 머릿속에 가지고 있다. 파트너가 원할 때는 곁에 있어 주지만 그렇다고 필요 이상으로 집착하거나 간섭하지 않는다. 적절한 거리를 두며 잘 지내는 방법을 알기에 이들은 사랑하는 사람과 갈등이 있어도 크게 동요하지 않는다.

이런 애착 유형은 어떻게 형성되는 걸까? 기본적으로 유년기에 부모에게 받은 사랑의 방식을 통해 형성된다. 부모에게 '안정적인 사랑'을 받은 아이들은 안정 애착 유형을 갖기 쉽다. 그렇다면 안정적인 사랑이란 무엇일까? 부모가 주는 사랑 중 어떤 특성이 안정적인 감정선을 소유한 성인으로 자라게 할까? 바로 '일관적인 사랑', '일관성'이다. 그래서 개성화 과제를 위한 가장 중요한 덕목 첫 번째도 일관성이다.

일관성에는 두 가지 본질적 의미가 숨겨져 있다. 첫 번째, 같은 자극에 같은 반응을 하는 역량을 말한다. 만일 자식이 똑같은 행동을 했는데 어떨 때는 화를 내고, 어떨 때는 수용해 준다면 아이가 안정적인 애착 유형을 가지지 못할 가능성이 높다. 일반적인 관계에서도 마찬가지다. 좋은 사람이란 곧 좋은 부모가 되는 것이기에 똑같은 행동을 했는데 어떨 때는 사랑을 주고, 어떨 때는 화내는 사람이라면 성숙한 사람이 아니다.

두 번째, 감정 표현과 행동의 가변성이 적어야 한다. 그래서 특별한 상황에서, 특별한 대상에게만 다정한 사람이 있다면 그 사람은 좋은 사람이 아닐 가능성이 높다. 예컨대 많은 여성이 '나에게만 잘해주는 다정한 남자'를 이상형으로 꼽는 경우가 많다. 하지만 일반적인 여성들의 소망을 에리히 프롬이 들었다면 크게 반대했을 것이다. 그가 『사랑의 기술』에서 역설한 것처럼 사랑은 특정한 사람과의 관계가 아니다. 사랑은 한 사람과, 한 대상과의 관계가 아니라 세계 전체와의 관계를 결정하는 '태도', 곧 '성격의 방향'이다.

쉽게 설명하자면, 파트너가 나를 대하는 태도와 다른 사람들을 대하는 태도가 너무 다르다면 그 사람은 겉보기와 다르게 사랑에 필요한 역량을 가지지 못한 위험한 사람일 가능성이 농후하다. 파트너가 매력적으로 느껴지는 이성에게만 잘해주는 능력을 갖춘 사람이라고 가정해 보자. 그는 본인이 아름답다고 느끼는 여성에겐 누구보다 친절하지만 일반적인 사회생활에서는 폭력적인 성향의 사람이기도 하다. 사람을 수단으로 생각해 자신의 이익을 위해 착취하는 행동에 죄책감이 없다.

많은 여성이 초창기 그의 다정함에 속는다. 그런 남자를 선택한 여성의 결말을 추측해 보자. 매력적인 이성과 사랑에 빠지면 누구나 평소보다 다정해지고, 모든 모습이 좋아 보인다. 하지만 결국 본능적인 호르몬의 장난은 끝이 난다. 누굴 만나도 결국 나이가 들고 시간이 지나면 남자 대 여자가 아니라 개인 대 개인으로 서야 한다. 남자도 갱년기를 겪고, 여성은 폐경을 맞이한다.

만약 배우자가 여자라서 잘해주는 능력만 발달한 남자라면? 혹은 남자한테만 매력적인 여성이라면? 당신이 더 이상 여자로, 남자로, 매력적인 이성으로 보이지 않을 때, 나이가 들어 어떤 성욕도 느껴지지 않는 상태가 될 때 남들을 대하던 방식으로 당신을 똑같이 대할 것이다.

그래서 평생 나에게 다정한 사람을 만나고 싶으면, 나뿐만 아니라 모두에게 다정할 수 있는 사람을 택해야 한다. 그런 사람은 시간이 지나 머리가 희끗해져도, 남자 대 여자가 아니라 개인 대 개인으로 관계를 맺을 때도 다정한 태도를 유지할 것이다. 본래 가졌던 성격의 방향이기 때문이다.

또한 본인의 기분이 좋을 때는 무리해서 잘해주고, 어떨 때는 너무 소홀한 식의 행동 가변이 심한 사람 또한 일관성이 부족한 사람이다. 감정에 따라 이랬다저랬다 하는 사람보다 일관되게 무뚝뚝한 사람이 장기적 관계에 훨씬 적합하다. 일관된 태도, 특히 감정에 있어서 일관된 반응은 개인의 성숙도를 판단하는 데 있어서 정말 중요하다. '일관되었다'라는 말은 '예측이 가능하다'는 뜻이다.

어린 시절 철없는 연애나 불장난은 예측 불가능함이 매력적인 요소로 여겨질 수 있지만 장기적인 관계와 결혼 생활에서는 그렇지 않다. 누군가와 오래 관계를 맺는다는 의미는 서로 예측 가능한 범주에 들어오기로 약속하는 것과 같다는 사실을 알아야 한다.

사랑에 빠져 짧은 기간 호르몬의 달콤함을 느끼는 일은 잠깐 유행했다 사라지는 패션이나 대중음악과 같다. 이런 요소는 잠깐 우리의 시선을 빼앗지만 금방 변하는 껍데기일 뿐이다. 장기적인 관계와 결혼 생활에 정말 중요한 진리는 변하는 것이 아니라 변하지 않는 것들이다. 어떤 음악을 만들든 적용되는 화성학의 법칙, 패션에서 적용되는 배색 조합, 이렇게 시기나 대상에 따라 변하지 않고 일관된 존재가 우리의 관계를 구원한다.

개성화 과제 2
상대방의 독립에 배신감 느끼지 않기

연인이 자신의 가치를 높이기 위해 자기 계발에 몰두할 때 불안해하는 사람들이 있다. 연인이 '더 나은 사람'이 되겠다는데 왜 불안해하는 걸까? 이는 마치 1997년에 개봉한 영화 「올가미」에 등장하는 어머니의 왜곡된 모성을 보여준다. 「올가미」에서 진숙은 동우가 결혼할 여자인 수진을 소개하자 크게 분노한다. 어머니 진숙은 아들을 자신의 소유물로 여겼으나 그가 자신에게서 독립해 다른 여자와 가정을 꾸리겠다고 선언했기 때문이다. 소유욕에 눈이 멀어 며느리인 수진을 지하실에 감금하기까지 한다.

 자식이 부모의 슬하를 떠나 독립해 스스로 부모가 되려는 결심은 축하해야 할 일이며, 인격적 성숙 중 하나다. 하지만 인격적으로 미성숙한 부모들은 독립을 달가워하지 않는 경우가 있다. 그래서 자식이 독립을 했는데도 자신의 영향력 내에서 통제하고 싶어 한다. 이는 미성숙한 사랑이다. 좋은 부모라면 자식의 독립과 성장에 대해 아낌없이 도움을 주고 축하해주어야 한다.

 연인관계나 부부관계에서도 마찬가지다. 서로에게 줄 수 있는 최고의 선물은 최선의 나다. 하지만 상대가 너무 성장하면 다른 더 나은 이성을 만나 나를 떠날 거라는 불안감, 나 또한 같이 성장해야 할 것 같은 두려움, 참았던 소유욕의 발현 등 인격적인 미성숙함 때문에 상대의 성장을 가로막는다. 이는 나뿐만 아니라 서로의 개성화 과제를 가로막는다. 사랑하는 사이라면, 아무리 끈끈한 관계여도 상대의 성장과 더 나은 독립적 인간으로서의 발걸음을 진심으로 응원해 주어야 한다. 우리는 우리이기 전에 너이고, 나이며, 개인이다. 더 나은 우리는 더 나은 너와 나로 이루어진다는 사실을 명심하자.

개성화 과제 3
성장에 대한 인내심 기르기

누군가와 사랑을 하다 보면 상대방의 부족한 점이 보인다. 물론 상대를 바꾸려는 시도는 되도록 하지 않는 게 좋지만, 시정을 요구해야 할 때가 있고 시정 요구를 받은 상대방도 요청이 합리적이라면 응해야 한다. 이 지점에서 조심해야 할 점이 있다. 상대의 변화와 성장을 인내심 있게 지켜보는 자세가 필요하다.

우리 모두는 평균 3kg의 작은 체중에서 태어나 12개월이 되어서야 혼자 서기를 시도했다. 태어난 지 2년이 넘어서야 달리기를 할 수 있고, 세상살이 3년 차가 되었을 때 비로소 세발자전거 탑승을 시도해 볼 수 있었다. 신체적 발달뿐만 아니라 언어적 발달도 마찬가지다. 1년이 넘어야 의미가 있는 최초의 단어를 발화할 수 있었고, 태어난 지 2년 차가 되어야 두세 단어가 조합된 간단한 문장을 사용할 수 있다. 여기서 부모는 아이의 성장 속도가 느리다며 호통을 쳐서는 안 된다. 인간의 성장은 본래 긴 시간이 걸리는 일이기 때문이다.

아이의 성장뿐만이 아니다. 모든 인간의 질적 발달과 성장은 천천히 이루어진다. 모든 인간은 죽을 때까지 완벽해질 수 없기에 서로가 서로에게 더 좋은 사람이 되려고 성장의 동기를 잃지 않는 자세도 중요하다. 하지만 상대방의 성장에 조바심을 내어서는 안 된다. 스스로 뒤집고, 앉고, 바닥을 기어다니다가 비로소 걸음마를 떼는 아이를 흐뭇하게 지켜보는 부모처럼 서로의 성장을 참을성 있게 지켜볼 줄 알아야 한다.

개성화 과제 4
회복탄력성

애니메이션 영화 「인사이드 아웃」 시리즈는 주인공인 라일리가 학교에서 겪은 일을 라일리의 내면을 통해 보여주며 감정과 인격적 성장에 대한 여러 가지 통찰을 제시한다. 「인사이드 아웃 1」에서는 '슬픔'이라는 감정을 어떻게 받아들여야 하는지가 핵심 주제이다. 슬픔이 있기에 기쁨을 유지할 수 있고, 부정적 감정도 감정의 일부로 받아들일 수 있어야 건전한 감정 체계와 자아가 유지될 수 있다는 의미이다. 다음 시리즈인 「인사이드 아웃 2」에서 핵심 주제가 되는 감정은 '불안'이다. 영화에서 높은 수준의 불안이 건전한 자아상을 어떻게 망가뜨릴 수 있는지에 대해서 고찰해 볼 수 있다.

「인사이드 아웃」 시리즈에서는 결국 모든 감정이 우리에게 필요하며, 이 다양한 감정을 활용할 줄 아는 능력을 키우는 것이 '성인이 되는 과정'이라는 사실을 보여준다. 해당 작품에 대한 다양한 인사이트를 제시한 평론 콘텐츠가 무성하지만 가장 중점적으로 보아야 하는 것은 각 작품에서 '라일리가 왜 곤경에 처하게 되었는가?'에 대한 이야기다.

모두 기쁨이의 편협한 생각으로 사건이 시작된다. 「인사이드 아웃 1」에서는 기쁨이가 '슬픔'이라는 감정을 의도적으로 외면했기에 라일리가 부정적인 감정을 직면하고 극복할 기회를 얻지 못해서 무기력에 빠진다. 「인사이드 아웃 2」에서도 마찬가지다. 기쁨이는 라일리에게 부정적인 영향을 주리라 예측되는 기억들을 '기억의 저편'으로 멋대로 보내버린다. 라일리는 부정적인 감정과 기억을 직접 직면하고 해결해야 할 기회를 잃어버리게 되고, 때문에 더 큰 곤경에 처한다. 바로 '회복탄력성'의 부재다.

대부분의 심리학자는 회복탄력성을 개인의 인격적 성숙, 성장과 성공의 가능성을 예측할 수 있는 척도라고 말한다. 회복탄력성은 부정적인 상황에 대응하는 능력을 말한다. 이 능력이 있는 사람은 대인 관계의 상처도 쉽게 극복하고, 개인적 실패가 있어도 금세 훌훌 털고 일어난다. 회복탄력성은 개성화 과제, 스스로 영웅의 여정을 걷기 위한 핵심 능력이기에 히어로물 영화의 주인공은 상처를 치유하는 초능력을 가진 경우가 많다. 「엑스맨」 시리즈의 울버린, 「무빙」의 장희수 등이 있다.

그렇다면 회복탄력성은 어떻게 기를 수 있을까? 답은 간단하다. 수치스럽거나 고통스러웠던 기억, 상처가 되는 경험을 하고 그것을 더 나은 사고나 행동으로 변환하는 과정을 반복하는 것이다. 굳은살을 만드는 방법은 살에 압력을 주고 상처를 견뎌내는 것이며, 근육을 만드는 방법도 근육에 상처를 준 뒤 회복하는 원리이다. 회복탄력성 또한 정신적 근력이기에 상처를 주고, 회복해야 한다.

SNS와 뉴미디어 시대에서 살아온 청년들은 관계에서

오는 고통과 상처를 직면하지 못하고 회피하는 성향이 강한 모습이다. SNS가 없었던 과거에는 좋은 사람이든 싫은 사람이든, 나에게 이익을 주는 사람이든 상처를 주는 사람이든 어떻게든 잘 지내야 했다. 하지만 SNS에서의 관계는 다르다. 내 마음에 들지 않으면 차단하고 보지 않으면 그만이다.

이런 세태는 '가스라이팅Gaslighting'이라는 단어의 유행과도 맞닿아 있다. 가스라이팅은 타인의 심리와 상황을 조작하고 상대방의 판단력을 무너뜨려 지배하는 심리적 학대 행위라고 알려져 있다. 유튜브에 검색하면 관련된 무수한 콘텐츠가 쏟아져 나온다. 하지만 가스라이팅은 학술적으로 제대로 인정받은 개념이 아니다. 1938년 제작된 영국의 연극 「가스등Gas Light」과 이 연극을 바탕으로 제작된 영화에서 유래된 대중적인 용어다. 그래서 이를 근거 없이 오용하는 사람이 많아졌다. 자신에게 조금이라도 상처를 주거나 불편함을 주는 사람이면 모두 '가스라이팅하는 사람'이라고 멀리한다.

부모님도, 성장 배경도, 성격도 다른 누군가와 관계를 형성하고 공동체 감각을 기르는 일에는 필연적으로 불편함과 감정적 상처가 수반된다. 이는 가스라이팅이 아니며 지극히 자연스러운 일이다. 무엇보다 깊은 관계, 사랑을 꾸려나가는 과정에서 개인이 직면해야 하는 부정적인 감정과 고통을 스스로 극복하지 못한다면 회복탄력성이라는 내면의 근력을 기르지 못한다. 내면의 근력이 부족하면 어떤 사람과도 깊고 장기적인 관계를 맺지 못한다. 기회의 부재는 능력의 상실을 낳고 악순환으로 무한하게 이어진다.

자식이 나에게 상처를 준다고, 자신도 되갚음을 하는 부모는 진정 부모라고 말할 수 없다. 가족 사이에 갈등이 있어도 부모라면 자식과 좋은 관계를 맺으려고 노력해야 한다. 즉 개성화 과제, 누군가와 사랑하기 위해 반드시 길러야 할 능력 중 하나인 회복탄력성을 기르려면 파트너가 고통을 주거나, 서로 상처가 되는 일을 겪었다고 해서 섣불리 관계를 끊어버리는 나약한 태도부터 버려야 한다.

모순되게도 누군가와 오래 사랑하기 위해 필요한 전제조건은 오래 사랑하는 경험을 하는 것이다. 서로의 차이 때문에 오는 상처 때문에 충분히 울고 슬퍼하며 고통스러워하면서도 의지를 갖고 극복하는 경험을 하고, 내면의 감정을 다스리면서 버티다 보면 마음에 근력과 굳은살이 생긴다. 이렇게 길러진 회복탄력성은 파트너와 어떤 고난이 있어도 결국 서로를 끈끈하게 묶어주는 원동력 그 자체가 된다.

개성화 과제 5
핵심 가치관의 정립

미국 코넬대학교의 칼 필레머 Karl Pillemer 교수는 세계적인 사회학자이자 인간생태학 분야의 최고 권위자다. 그는 인간 삶의 지혜를 모으고 후대에 전하고자 하는 목표로 '인류 유산 프로젝트 The Legacy Project'를 2004년부터 2010년까지 6년간 진행했다. 이를 위해 다양한 배경을 가진 65세 이상의 노인 1500명 이상을 선별하여 심층 인터뷰를 진행했는데, 그 결과 삶과 사랑에 대한 불변의 진리들을 도출할 수 있었다. 그중 사랑에 대한 흥미로운 주제는 '어떤 사람과 결혼해야 행복한 결혼 생활을 유지할 수 있는가?'에 대한 이야기다.

크게 두 가지로 정리할 수 있는데, 첫 번째는 나와 비슷한 사람이다. 사람은 본인과 비슷한 사람을 만나야 행복하다. 여기서 비슷해야 하는 요소는 '**핵심 가치관**'이다. 핵심 가치관은 단순한 취향이나 관심사 같은 주제가 아니다. 많은 사람이 상대방이 내가 좋아하는 영화를 좋아하거나, 내가 좋아하는 음식을 좋아한다고 하면 잘 맞는다고 즐거워하는데, 그것은 '잘 맞는다'의 본질적인 의미와 거리가 멀다. 장기적인 관계에는 좋은 영향을 미치지 못하는 그저 단순한 잘 맞음이다.

핵심 가치관은 더 본질적인 질문이다. 가령 어떤 장르의 영화를 좋아하는지에 대한 논의는 취향이나 관심사에 대한 이야기다. 하지만 삶에서 문화생활에 대한 소비와 향유가 중요한지 아닌지에 대한 문제는 가치관에 대한 논의다. 또 떡볶이를 좋아하는지, 마라탕과 탕후루를 먹을 수 있는지, 매운 음식을 좋아하는지도 그저 취향이나 관심사의 문제이기에 이것이 맞고 안 맞고는 생각보다 중요하지 않다. 하지만 가족이 매일 아침 식사 정도는 같이 해야 하는지 아닌지에 대한 논의는 가치관 문제다.

어떤 부부는 입맛도, 영화 취향도 다르지만 아이들 교육 문제에 대한 가치관이 비슷해서 육아 문제에 있어서 다툰 적이 없다. 교육에 대한 가치관이 비슷하기 때문이다. 통념과는 다르게 남편이 아내와는 다르게 매운 음식을 못 먹는다는 이유로, 아내는 로맨스 영화를 좋아하는데 남편은 전쟁 영화를 좋아한다는 이유로 부부는 갈라지지 않는다.

장기적인 관계, 결혼 생활에서 생기는 큰 문제는 취향이나 관심사가 달라서 생기는 게 아니라 핵심 가치관이 달라서 생긴다. 오히려 돈을 어디에 사용해야 하는지, 가족끼리 일주일에 몇 번 식사를 같이 해야 하는지와 같은 의견이 다를 때 아주 복잡한 문제와 갈등이 생긴다.

여기서 아주 중요한 논의가 하나 더 있다. 나와 상대의 가치관이 잘 맞는지 판단하려면 내 가치관이 무엇인지 잘 알아야 한다는 사실이다. 내 가치관을 모르는데 어떻게 상대와 비교를 하겠는가? 가치관은 일종의 도덕적 서열이다. 그래서 개인적으로 반드시 지켜야 한다고 생각하는 윤리가 무엇인지, 자식을 교육할 때 가장 중점적으로 생각하는 게 무엇인지 등 삶의 방향성과 우선순위가 명확해야 타인과 비교도 할 수 있는 법이다. 스스로를 잘 모르는 사람들은 배우자 선택도 잘못하기 쉽다.

물론 내 가치관을 잘 알고, 상대의 가치관을 알아내는

일이 무척 어려운 여정이 될 수 있다. 그래서 상대와 내가 가치관이 잘 맞는지 확인할 수 있는 가장 쉬운 방법을 알려주려고 한다. 바로 유머 감각, 개그 코드다. 개그 코드는 심리적으로 가치관의 공유와 긴밀한 연관이 있다고 한다. 가치관이 비슷해야 불편한 표현도 비슷하고, 즐거운 상황도 비슷하기 때문이다.

개성화 과제 6
진정한 공감 능력

'어떤 사람과 결혼해야 행복한 결혼 생활을 유지할 수 있는가?' 질문에 대한 '인류 유산 프로젝트'의 두 번째 대답은 상대에 대한 공감 능력을 갖춘 사람이다. 여기서 말하는 공감 능력이란 '감정적인 공감 능력'을 말하지 않는다. 머리로 차갑게 이해하는 '인지적 공감 능력'을 말한다.

진화 심리학자 장대익 교수는 저서 『공감의 반경』에서 공감 능력을 두 가지로 분류하여 정의한다. 정서적 공감 능력은 우리가 흔하게 바라는 감정의 이입이다. 내가 슬플 때 상대도 슬퍼해 줬으면 하고, 상대의 고통을 내 고통처럼 느끼는 능력이다. 하지만 정서적 공감은 노력이나 의지가 아닌 본능적으로 이루어지는 공감이다. 이는 여성이 임신하고 아이를 기를 때 분비되는 '옥시토신Oxytocin'과도 관련이 있는데, 내 편이라는 생각이 드는 사람에게만 자연스레 일어나는 깊은 감정적 공감을 말한다. 그래서 감정적으로 '내 편이 아니다'라는 사람에게는 발휘되지 않으며 공감의 범위가 매우 편협하고 좁다.

직장 내의 편 가르기나 인터넷에서 일어나는 정치적 갈등, 남녀 갈등 또한 인간의 정서적 공감 능력 때문이다. 내 편에게는 한없이 관대하지만 다른 편이라 느껴지면 누구보다 폭력적으로 굴게 만드는 현상 또한 정서적 공감에서 시작된다. 노력하지 않아도 본능적으로 일어나는 공감이고, 자기중심적인 측면이 강해 조심히 다뤄야 한다.

이와 다른 성향을 가진 아주 차가운 속성의 공감 능력이 있다. 바로 인지적 공감이다. 이게 바로 '능력'이라고 부를 만한 공감 능력이다. 상대를 머리로 이해하고, 머리로 차갑게 공감하는 자세이다. 이 능력은 본능적인 심리 기저가 아니라 의식적으로 노력해야 기를 수 있다. 다른 편, 나와 다른 의견을 가진 사람이어도 그 사람 입장에서 '생각해 보는' 능력이기 때문이다. 인지적 공감은 가슴이 아닌 머리로 하는 공감이기에 에너지가 무척 많이 들지만, 노력 여하에 따라 아주 폭넓은 반경으로 다양한 사람들을 공감해 줄 수 있다. 장대익 교수는 개인의 인지적 공감 능력 향상이 현대 사회의 이념적 갈등과 사회적 폭력을 줄이는 데에 핵심 과제라고 말한다.

인지적 공감 능력은 일대일 관계, 연인 관계, 부부 생활에서도 반드시 필요한 능력이다. 어떤 상대방을 만나든 나와 완벽히 동일한 사람은 없다. 다른 성별, 다른 부모, 다른 성장 배경, 다른 친구들, 다른 지식수준을 가진 사람이 만나 관계를 하게 된다. 그래서 다툼이 있을 때 섣불리 분노를 표출하기 전에 상대의 신발을 신어볼 줄 알아야 한다. 발이 280mm인 상대에게 240mm짜리 신발을 신으라고 강요하면 상대가 발에 상처를 입거나 신발이 망가지거나 둘 중 하나다.

인간은 사회적 동물이다. 그래서 삶을 잘 살아내려면 공동체 감각을 길러야 한다. 진정한 공동체 감각이란 타인이 나와 다른 사람임을 항상 명심하며 살아갈 때 길러진다. 더 나아가 '타인은 내가 절대 변화시킬 수 없다'는 마음을 견지해야 한다.

어떤 사람들은 절대 수용할 수 없는 상대의 모습이 있는데도, 예컨대 너무 게으르거나 폭력적이라 장기적 관계를 기대할 수 없는데도 '결혼하면 달라지겠지'라는 생각으로 결혼하는 경우가 있다. 이런 결혼을 하는 사람들이 가장 이혼율이 높다. 타인, 파트너, 배우자는 내가 절대 변화시킬 수 없다.

결혼하기 전에 해야 할 가장 중요한 탐색은 '저 사람의 부족함과 결핍을 내가 수용할 수 있는가?'여야 한다. 누구나 다 결핍이 있고 미숙한 측면이 있다. 하지만 '그 결핍을 내가 포용할 수 있는가?'에 대해서는 냉정하게 판단해야 한다. 상대의 미숙함을 도저히 안고 갈 수 없다면 결혼하지 않는 편이 낫다. 배우자를 변화시키겠다고 마음먹은 그 자체가 매우 아둔한 짓이며, 인지적 공감 능력이 결여된 상태로 감정적으로 선택한 어리석은 일이다.

성숙한 개인으로서 관계를 지속하고 싶다면 이해하여 품어주고, 이해할 수 없다면 단호하게 끊어라. 그게 나와 다른 사람인 상대를 온전하게 이해하고 건전하게 공감하는 방법이다.

개성화 과제 7
그저 그런대로 괜찮은 사람

정신분석학자 도널드 위니콧은 이상적인 부모의 모습을 설명하기 위해 '그저 그런대로 괜찮은 부모'라는 단어를 고안했다. 고안의 목적은 부모가 완벽하지 않아도 아이에게 충분히 훌륭한 양육 환경을 제공할 수 있다는 사실을 알리기 위해서다.

개성화 과제에 대한 이야기를 듣고 과제가 너무 어려워서 정신적 압박을 느끼는 독자도 있을 테다. 하지만 스트레스를 받을 필요가 없다. 개성화 과제를 완벽하게 달성할 필요도 없고, 완벽하게 달성할 수도 없기 때문이다.

현대의 부모들도 교육 수준이 높아질수록 '완벽한 부모가 되어야 한다'는 생각에 온갖 교육을 받고 공부를 하지만, 결국 마음대로 되지 않음에 좌절한다. 하지만 위니콧은 완벽한 부모가 될 필요 없다고 강조했다. 오히려 지나치게 완벽해지려는 부모는 아이에게 필요 이상의 간섭을 하거나, 더 나아가 아이의 주체성 발달을 저해할 수 있다.

부모도 결국 누군가의 자식이기에 어딘가 결핍이 있고

미숙한 특성이 있다. 부모 또한 부모가 되는 일이 처음이기에 모든 경험이 낯설다. 부모는 좋은 부모가 되는 일이 마음대로 되지 않음에 좌절하는데, 이 좌절이 아이에게 긍정적인 영향을 미친다. 아이는 부모가 실수하고, 좌절하는 모습, 다시 반성하고 더 나아가려는 미숙함을 보고 '세상이 내 뜻대로만 되지 않음'과 '세상과 사람은 완벽하지 않다'는 삶의 진리를 깨우치게 된다. 이는 아이의 자율성과 회복탄력성을 기르는 데 매우 긍정적인 영향을 미친다.

인간관계에서는 나와 너의 완벽을 좇는 태도보다 '완벽하지 않음도 받아들이는 태도'가 훨씬 더 중요하다. 우리가 더 나은 사람이 되려고 노력하고, 뜻대로 되지 않아 좌절하며, 그럼에도 불구하고 다시 일어나는 과정 자체가 중요한 것이다. 이런 과정에 의미를 느끼고 더 나아가 즐기는 사람이 진정으로 완벽한 사람이며, 완벽한 부모가 될 수 있다.

위니콧이 고안한 '그저 그런대로 괜찮은 부모'는 이상을 좇으면서도 현실적인 수준에서 아이를 돌보는 게 가장 완벽한 양육자의 모습이라는 메시지를 준다. 모든 사람에게는 빛나는 모습만큼 부족한 모습도 있다. 이렇게 사람의 잘난 모습뿐만 아니라 못난 모습, 성장 하다가도 후퇴할 수 있음을 받아들이는 자세, 그저 그런대로 괜찮은 우리를 받아들이는 과정이 개성화를 위한 가장 중요한 훈련이기도 하다.

　칼 융은 개성화의 과제를 '온전한 사람이 되기 위한 평생의 여정'이라고 설명했다. 온전한 사람은 단순히 결점이 없는 완벽한 사람이 아니다. 자신의 다양한 모습, 빛과 어둠, 내적 요소들을 모두 받아들일 수 있는 조화로운 사람을 말한다. 우리는 스스로와 파트너, 그리고 우리에게 조금 더 관대해질 필요가 있다. 관계란 완벽한 사람들이 서로 으스대는 일이 아니라, 부족한 사람들이 서로 화합하고 조화를 이루는 일이다. 그것이 우리가 지향해야 할 온전한 관계의 모습이다.

"사랑이란 너를 알아가기 위해
시작했다가 결국 나를 알게 되는
내면의 여행이다. 그래서 사랑하는
과정에서 생기는 고통이 너 때문인 줄
알았지만 결국 내 탓이라는 사실 또한
깨닫게 된다. 이 사실을 모르는 사람들은
파트너와 잘 지내기 위해 단순히

로맨틱한 시간을 더 많이 보내려고
노력하거나 빛나는 선물을 주는 데에
열정과 에너지를 쏟는다. 하지만 관계의
목적은 독립, 즉 더 나은 사람으로 발전하기
위한 개성화 과제이기에 더 성장한 나만큼
가치 있는 선물도 없다. 상대에게 줄 수
있는 최고의 선물은 최선의 나다."

[참고하면 좋을 다니엘의 영상 콘텐츠]

진지하게 만나도 되는 사람인지
판단할 수 있는 '세 가지 조건'

이상적인 배우자로서
가장 중요한 조건들

11장

사랑에 만능약이 있다면

자기기만이란 무엇인가

앞에서 설명한 최선의 내가 되기 위한 전략, 개성화 과제 7가지를 자연스럽게 이룰 수 있는 만능통치약이 있다. 이 약을 매일 일어나자마자 삼키고 시작하면 책에서 소개한 모든 철학과 방법론이 알아서 체화될 것이다. 방법은 간단하다. 자기기만을 하지 않는 사람이 되면 된다.

자기기만이란 무엇인가? 실존주의 철학자 장 폴 사르트르 Jean Paul Sartre는 여러 저서에서 '자기기만'에 대해 다룬다. 사람이 실제로 세상에 존재하기 위해서는 자기기만적이지 않아야 하기 때문이다. 자기기만이란 쉽게 말해 자신의 선택을 회피하는 일, 더 나아가 존재하는 사람으로서의 권리를 스스로 버리는 일을 말한다. 존재하기를 포기한 사람은 사랑을 존재시킬 수도 없다.

사르트르의 대표 저서 『존재와 무 L'Etre et le Neant』에는 자기기만을 일삼는 여러 가지 인간 유형들이 소개되는데, 그중 젊은 여성 A의 이야기를 들어보자.

매우 순진해 보이는 젊은 여성 A와 여자 경험이 많은 능숙한 남자 B가 있다. 남자는 여자보다 나이와 경험이 많고, 얼핏 보면 카사노바 같은 느낌이 들기도 한다. 남자 B는 늘 그랬듯이 여성 A에게 능숙하게 다가간다. 그 남자는 여자에게 다가가 자신의 욕망을 감춘 채 신사처럼 정중하게 관심을 표한다. 그는 강압적이지 않고 상대방의 의사를 충분히 존중할 자세도 되어 있다. 신사적인 남성에게 여성 A는 수줍음과 호기심을 느낀다. 하지만 완전히 믿을 수는 없어 어중간한 상태를 유지한다. 그 상태에서 남성은 갑자기 여성 A의 손을 덥석 잡으며 '우리 집에 가서 한 잔 더 하자'며 결단을 촉구한다.

여성 A는 선택을 해야 한다. 그 남자의 표현에 응해 손을 꽉 맞잡든지, 아니면 손을 뿌리치며 '그런 사이가 되고 싶진 않다'라며 단호하게 말해야 한다. 하지만 여성 A는 손을 잡지도 않고 뿌리치지도 않는다. 마치 자기 손이 아닌 것처럼, 자기 손이 자신과 아무 관련 없는 사물 취급을 하면서 남자가 잡은 대로 그냥 그대로 두는 것이다. 그날 두 남녀는 손을 잡았고, 남자의 의도대로 집에 가진 못했지만 입맞춤까지 한다.

이 여성은 다음 날 친구들을 만나는데, 친구들에게 남자 B와의 지난밤 일화를 공유하며 이런 말을 한다.

"진짜 어쩔 수 없었어. 그렇게 갑자기 손을 잡는데 내가 뭘 어떻게 해. 난 진짜 그쪽에서 잡아서, 당황해서 손을 내버려둔 거지. 어제 일은 아무 의미 없었어. 별생각 없었다니까!"

이 여성은 전형적으로 자기기만적인 사람이다. 그 여성은 할 수 있는 게 없지 않았다. 그 남자는 여성 편력이 있었지만, 범죄자가 아니었고 매너가 있었기에 언제든 손을 뿌리칠 수 있었다. 손을 뿌리치지 않았다는 건 사실상의 동의라고 상대방이 생각하기 쉽다. 하지만 여성은 '나는 선택을 한 적이 없다'라는 주장을 하며 본인의 행동에 대해 책임을 회피하고자 하는 전형적인 유아적인 모습을 보였다.

이 두 남녀의 결말은 뻔하다. 이 여성은 앞으로도 애매하게 굴고, 선택을 하지 않는 선택을 함으로써 어떤 결과에도 책임지지 않으려고 할 것이다. 갑자기 마음이 변해서 다른 남자와 관계를 시작하는 상황이 오면 손을 잡았던 남자 B에게 이렇게 말할 것이다.

"네가 손을 잡아서 그런 거지 난 아무 의미 없었는데? 혼자 너무 앞서나간 거야."

반대로 남자 B에게 깊은 마음이 생겼는데, 카사노바인 남자 B가 갑자기 다른 여성과 깊은 관계가 되면 이렇게 따질 것이다.

"우리 손도 잡고, 입맞춤도 했잖아. 근데 어떻게 나를 버리고 다른 여자를 만날 수 있어?"

어떤 상황이 와도 남 탓을 할 수 있는 프레임을 만드는 것이다. 겉으로 보기에 자기기만은 참 영리한 전략으로 보일 수 있다. 하지만 사르트르는 이런 여자를 정말 가볍고 천박한 여자라고 말한다. 인간이기를 포기했기 때문이다. 사르트르가 남긴 명언처럼 인간의 삶, 인생은 B(Birth, 탄생)와 D(Death, 죽음) 사이의 C(Choice, 선택)이다. 이 말인즉슨 선택은 살아있는 자의 필수 행동 요건이며, 선택하지 않는 자는 죽은 자다.

살아있는 우리는 매 순간 무언가를 선택해야 한다는 사실을 알고 있다. 하지만 선택하면 책임이 따르기에 선택을 하지 않은 선택을 하기 쉽다. 본래 인간에게 가장 달콤한 쾌락은 '가능성만 무한한 상태'이다. 이 상태를 선택하지 않는 선택, 즉 자기기만적인 태도로 계속 유지할 수 있다.

유명 배우를 꿈꾸고는 있지만 거절이 무서워 오디션을 준비하고만 있는 상태, 공무원 시험 합격을 바라면서도 강의만 자꾸 바꾸는 학생, 데이트를 하는 남자가 덥석 잡은 손을 꽉 맞잡지도 뿌리치지도 않은 여자 모두 이런 쾌락에 중독되어 있는 자기기만적인 사람이다. 이들은 어떻게 하면 부정적인 결과에서 오는 상처와 책임을 회피할지에 대해서만 생각한다. 그래서 살아있는 인간으로서 제대로 존재하고 있다고 보기 어렵다.

그렇다면 어떤 사람이 자기기만이 없는 성숙한 사람일까? 다른 여성 B가 있다. 이 여성은 애매한 감정이 드는 남자가 손을 잡으면 그 자리에서 뿌리치고 꺼지라고 말한다. 마음에 드는 남자가 있으면 먼저 다가가 손에 깍지를 낀다. 또 먼저 손을 잡아서 연애를 시작한 남자에게 큰 상처를 받는 일이 있어도 상대 탓부터 하기보다 그런 남자를 선택한 본인 탓을 먼저 한다. **모든 과정을 상처로 받아들이기보다는 세상에 대해서 배우는 배움의 과정으로 여긴다.**

물론 이런 성향의 여성은 누군가에게 '너무 단호하고 공격적이다'라는 평을 받기 쉽고, 어떤 사람은 '여성적이지 못하다'며 흉을 볼 수도 있다. 하지만 자기기만의 관점에서는 여성 B가 훨씬 진중하고, 고귀한 사람이다. 여성 B는 적어도 자신의 의지에 따라서 능동적인 선택을 하고, 선택의 결과에 책임을 진다. 그래서 아무리 가벼워 보이는 여자라도 자신의 의지로 상대방과 손을 확실하게 맞잡거나 뿌리친다면, 자기 의사를 명확히 표현하고 다음에 있을 결과에 승복하는 사람이라면, 더 이상 가벼운 여자라고 정의할 수 없다. 그녀는 누구보다 세상에 온전하게 존재하고 있다.

개성화 과제 일곱 가지를 훈련하기 위해서는 먼저 세상에 존재해야 한다. 육체적, 물리적으로 존재한다고 세상에 존재하는 것이 아니다. 정신적으로도 살아 숨 쉬어야 인간으로서 존재하는 호사를 누릴 수 있다. 존재하기 위해 우리가 가장 조심해야 할 태도는 '자기기만하지 않기'다.

자기기만을 하지 않기 위해서는 첫째, 사례의 여성 A처럼 책임을 회피하기 위해서 아무것도 선택하지 않는 수동적 상태에 머무르는 습관을 버려야 한다.

둘째, "어쩔 수 없었어. 내가 선택한 게 아니야. 난 아무 의미 없었는데?", "내가 할 수 있는 건 이것밖에 없었어. 내가 아무리 발버둥을 쳐도 변하는 게 있었을까?" 같은 자기 회피적인 말과 태도를 조심해야 한다. 이런 말을 습관적으로 하는 사람들은 선택의 갈림길에서 제대로 된 선택을 하지 않으려 하고, 자꾸 애매하게 굴다가 막상 자기한테 불리한 상황이 오면 '난 아무 선택을 한 적이 없다'며 책임을 회피하기 쉽다.

자기기만은 '상대방의 의견을 존중하는 포용적인 성향'과는 다르다. 상대의 의견에 잘 따라주는 성격은 아무 문제가 없다. 수동과 수용은 다르다. 수용적이지만 자기기만을 하지 않는 사람은 상대에게 따르기로 한 결정도 내 선택이기에 결과가 좋지 않더라도 상대 탓을 하지 않는다. 하지만 수용적이면서 자기기만적인 사람은 이렇게 말할 것이다.

"난 너 의견에 따랐을 뿐이야. 근데 이렇게 망가졌네. 네가 책임져!"

이런 사람과 결혼을 했는데 결혼 생활이 순탄하지 않은

상황을 가정해보자. 갈등과 문제가 생길 때마다 이렇게 말할 것이다.

"너 믿고 결혼했는데 이게 뭐야. 네가 책임져!"

정신과 의사나 결혼 전문가들이 진행하는 부부 갈등 클리닉 프로그램을 시청하면 대부분 자기기만적인 사람들의 결혼생활임을 알아챌 수 있다. 문제가 있는 부부는 적어도 둘 중 한 명이 자신의 선택에 책임을 지지 않고 상대방의 탓만 한다. "너 때문에 우리가 이 모양이야", "너 때문에 내가 이렇게 됐어"라는 말을 입에 달고 산다. 분명 본인이 선택했지만, 책임을 회피하는 것이다.

누구나 미성숙하기에 자기기만적인 모습이 조금은 있지만, 일상이 자기기만인 사람과의 관계는 반드시 피해야 한다. 그리고 자신도 그런 사람이 되어서는 안 된다. 자기기만은 사람을 정신적으로 세상에 존재하지 않게 만든다. 관계란 육체적 연결뿐만 아니라 정신적 연결까지 포함되는 개념이다. 그래서 정신적으로 존재하지 않는 사람과는 관계를 시작할 수도 없다.

수많은 실존주의 철학자가 '자기기만'에 대해 수십 년

넘게 연구한 이유가 있다. 자기기만하지 않는 것, 내가 능동적으로 선택하고 선택의 결과에 책임을 지는 태도, 이것이 인간으로서 존재하기 위한 '인간다움'의 핵심이기 때문이다. 다른 말로 자기기만이 일상인 사람은 짐승에 가깝다. 짐승과 결혼하고 싶은 사람은 아무도 없을 것이다.

잘못된 선택을 해서 실수해도 괜찮다. 잘못된 선택을 해서 상대에게 상처를 주거나 상처를 받아도 괜찮다. 상대방을 잘못 선택했다는 생각이 들 수도 있다. 다 괜찮다. 스스로 능동적으로 선택했음을 수용하고, 선택에 책임을 지려 한다면 우리는 반드시 더 나아질 수 있다. 하지만 선택에 책임지지 않는다면 당신의 영혼은 치유할 수 없는 상처를 입어 인간다움을 잃게 되고, 인간으로서의 존재감을 영원히 상실할 것이다. 인간관계는 인간끼리 이루어지는 관계를 말한다. 자기기만을 극복하고 정신적으로 충만하게 존재함으로서 사랑하는 사람과 인간 대 인간으로 관계 맺기를 소망한다.

마지막 처방

마지막으로 하나 더 전하고 싶은 말이 있다. 책 전반적인 내용에 걸쳐서 아무리 매력적인 이성을 만나도 사랑에 빠지는 기쁨은 잠시일 뿐, 본능적 감정과 설렘은 없어지고 특별하게 다가왔던 일들도 결국 무료한 일상이 된다는 삶의 진리를 배웠다.

아무리 화려해 보이는 사람들도, 그런 빛나는 이들의 관계도 나이가 들면 비슷해진다. 감정은 미지근해지고 머리카락이 빠지며 몸이 굽어 평범한 노부부가 되는 과정이 모든 인간의 생이다. 이렇게 평범한 대상과 평범한 일상을 수십 년간 보내야 한다면 누굴 선택해야 할까?

이왕이면 다정하고 친절한 사람을 선택하라는 조언을 하고 싶다. 같은 값이면 다홍치마가 아니라, 같은 값이면 친절한 사람이다. 2013년에 개봉한 영화「어바웃 타임」에서 남자 주인공 팀은 시간 여행을 할 수 있는 능력이 있다. 그의 아버지 또한 마찬가지다. 마음만 먹으면 수없이 과거로 돌아가 교제할 파트너를 바꿀 수 있는 초능력자다. 이렇게 인생을 n회차 살 수 있는 아버지가 아들 팀의 결혼식에서 축사로 이런 말을 한다.

"우리 모두는 늙으면 다 비슷해집니다. 그러니 이왕이면 친절한 사람을 만나세요."

나 또한 동의한다. 어차피 비슷한 모습이 된다면, 비슷한 일상을 공유해야 한다면, 언제나 행복할 수 없고 생의 고통이 필연적이라면 그 와중에서도 친절함을 유지할 수 있는 사람, 슬픔 속에서도 다정한 표현을 할 수 있는 사람을 만났으면 한다.

언어는 생각의 집이다. 그래서 어떤 상황에서도 친절한 태도를 유지할 수 있고, 단호한 말도 다정하게 표현할 수 있는 사람과는 난방이 잘 들지 않는 초가집에서도 따뜻하게 지낼 수 있다. 냉정한 사회에서 온갖 멸시와 핍박을 받는다 해도 가족에게만큼은 따뜻한 위로를 건넬 수 있는 사람, 부부 싸움을 한 다음 날에도 "그래도 밥은 먹고 가"라며 따뜻한 식사를 챙겨줄 수 있는 사람 말이다.

어른이란, 성인이란 그리고 인간다운 사람이란, 즐거움과 이득 '때문에' 하는 사람이 아니라 '그럼에도 불구하고' 지속하는 사람이다. 그럴 수 있는 사람만이 스스로를 사랑할 수 있고, 너를 사랑할 수 있으며, 냉정한 세상 속에서도 '우리'의 따뜻한 사랑을 전파할 것이다.

"개성화 과제 일곱 가지를
훈련하기 위해서는 먼저
세상에 존재해야 한다.
육체적, 물리적으로 존재한다고
해서 세상에 존재하는 것이 아니다.

정신적으로도 살아 숨 쉬어야
인간으로서 존재하는 호사를
누릴 수 있다. 존재하기 위해
우리가 가장 조심해야 할 태도는
'자기기만 하지 않기'다."

[참고하면 좋을 다니엘의 영상 콘텐츠]

결혼 후 더 빛나는 사람들의 특징

Epilogue

지금까지 사랑을 깊게 이해하기 위한 여러 가지 지식을 배웠다. 사랑에 빠지는 것과 사랑을 하는 것의 구분, 사랑이라 굳게 믿지만 사실 사랑이 아닌 것들, 나도 모르게 우리를 파괴하는 행동, 진짜 사랑을 하기 위한 기술들까지 말이다. 이 책을 접하게 된 이유는 다양하겠지만, 본질적으로는 무언가를 배우고 싶기 위함일 것이다. 그런데 당신들에게 묻고 싶다. '왜 배우는가? 배우는 목적이 무엇인가?'

잠깐 옛날이야기를 하고 싶다. 불과 10년 전만 해도 대중 연설가들이 "남자는 이런 걸 좋아하고, 여자는 이런 걸 좋아해요"라는 내용의 강의를 하면 대중들의 반응은 제법 따뜻했다.

'그렇구나. 내가 맞춰 줘야겠다!'
'이거 잘 배워서 내 사람을 더 아껴줘야지.'

요즘의 분위기는 사뭇 다르다. 대중 연설가들이 "남자는 이런 걸 원해요", "여자는 이런 말을 해주면 좋아하니다"같은 강의를 가볍게 진행해도 SNS 댓글에는 부정적인 여론과 논쟁이 파다하다. "남자가 저렇다면 왜 만나야 해? 그냥 혼자 살아야지", "여자들은 다 문제가 있어. 맞춰주면 호구 취급하는 데 왜 노력해?" 같은 식의 염세적인 정서가 사회 전반을 지배하고 있다.

유익한 배움을 얻을 수 있는 콘텐츠를 자기 발전의 원동력으로 삼지 않고, 자기 회피, 자기기만, 세상에 대한 비난의 근거로 삼는 태도라고도 볼 수 있다. 생각보다 정말 많은 사람이 대상을 미워하기 위해 배우고, 행동을 회피하기 위해 배우며, 염세적 태도에 대한 합리화를 위해 배우는 것 같다.

하지만 이런 자세로는 어떤 개인적, 사회적 발전을 얻을 수 없고 누군가와 진정으로 교류하는 의미와 따뜻함을 영영 누리지 못한 채 외롭게 늙어갈 것이다. 가장 건전한 배움의 목적은 '대상을 사랑하기 위해서'여야 한다. 이런 목적 없이는 백만 권의 책을 읽어도, 사랑의 신 에로스가 제작한 몇억 원짜리의 강의가 있다고 해도 우리는 사랑에 대해 어떤 것도 배울 수 없다.

김상욱 물리학자가 말하길 범죄자들에게 가장 보편적으로 적용되는 형벌이자, 가장 잔인한 형벌이 '시간에 관한 형벌'이라고 한다. 실제로 미국의 경우 수백 년 이상의 징역에 처하는 범죄자가 흔하다. 그런데 왜 시간으로 가두는 형벌이 가장 보편적이자 잔인한 형벌일까?

시간이라는 자원만이 모두에게 평등하기 때문이다. 시간이 아닌 대부분의 자원은 모두에게 가치가 같지 않다. 100억 원이라는 벌금형을 받는 범죄자 A와 B가 있다고 가정해 보자. A는 가난하고, B는 자산이 1조 원 넘게 있는 부자다. 여기서 A에게 벌금 100억 원은 매우 큰 돈이기에 엄청난 형벌이지만, B에게는 아주 작은 돈이기에 형벌 아닌 형벌이 된다.

하지만 시간에 대한 형벌은 모두에게 평등하다. 어떤 누구도 내 시간을 감옥에서, 자유를 억압당한 상태로 살고 싶지 않을 테다. 즉 보편적 인간으로서 가장 소중한 자원은 시간이며, 그렇기에 우리는 시간을 가치 있게 보내는 방법에 대해 같이 논의해야 한다.

사람들의 강점을 발견해 주고, 약점을 수치스러워하기

보다, 강점을 활용하며 살아갈 수 있게 도와주는 강점 코치로 활동한 지가 수년이 넘었다. 일반인뿐만 아니라, 오랜 부부들, 대기업 임원들 등 다양한 인구통계학적 군집들을 코칭했다. 코칭 이론을 배울 때 가장 인상 깊었던 구절이 생각난다. '유능한 코치가 되려면 과학자가 되어야 한다' 사실 코치가 아니어도 유능한 사람이 되려면 과학자가 되어야 한다. 과학이란 '왜?'라는 질문에서 시작한다. 그리고 어떤 분야이든 '왜?'를 묻는 능력이 자기 발전을 위한 시초가 되며, 결국 물음의 시작이 되었던 대상의 작동 원리를 잘 이해하는 사람이 '과학적인 사람', '유능한 사람'으로 평가받을 수 있다.

유능한 사람이 되려면 과학자가 되어야 한다. 그런데 이걸로는 부족하다. 더 나아가서 유능한 과학자가 되려면 철학자가 되어야 한다. 모든 과학과 과학적 사고의 시작은 Why, 즉 '왜?'라는 질문에서 시작하기 때문이다. 철학의 정의 중 하나가 '왜?'를 묻는 학문이다.

이 책을 읽고 있는 독자 모두가 이미 유능한 철학자일지도 모른다. '나는 왜 그럴까?', '나는 왜 사랑에 실패했을까?', '어떻게 하면 사랑을 더 잘할 수 있을까?'라는 물음 때문에 책을 읽게 된 독자가 많을 테니까 말이다. 우리들은 이미 훌륭한 철학자다. 하지만 여기까지도 좋음^{Good}의 영역이지, 훌륭함^{Great}의 영역은 아니다. 아직 한 단계가 더 남아있다.

철학은 '왜를 묻는 학문'이라고 말했다. 그렇다면 인류 최초의 철학은 뭘까? 바로 '신에 대한 물음'이다. 인류가 최초로 머리에 물음표를 띄운 순간은 절대자의 존재에 대한 물음이었다. 신생대 제4기의 인류를 떠올려보자. 길을 걷다가 갑자기 천둥이 치고, 비가 내려서 임시 거처가 물에 떠내려갔다. 어딘가 숨어야 하는데 갑자기 파도가 범람해서 가족이 목숨을 잃었다. 너무 힘들어 울고불고, 상황을 통제하려고 애를 써도 무심한 하늘은 외면한다. 이때 인간들은 하늘을 향해 질문했을 것이다.

"당신은 누구시죠?"

인류 최초의 물음은 '신에 대한 물음'이다. 그래서 유능한 사람이 되려면 과학자가 되어야 하고, 유능한 과학자가 되려면 철학자가 되어야 하며, 유능한 철학자가 되려면 신학자가 되어야 한다. 당연히 종교를 강요하려는 의도는 아니다. 나는 이 책에 이성 관계에 대한 불편한 진실, 사랑을 잘하기 위한 기술, 사람을 잘 이해할 수 있는 필수 지식을 과학적으로 충분히 잘 정리해 놓았다. 그럼에도 독자들은 절대 다 이해하지 못할 것이다. '왜?'를 물으며 조금 더 이해하려는 자세 자체는 훌륭하다. 하지만 이해되지 않는 것은 억지로 이해하려고 하지 말라는 말을 전하고 싶다.

자연의 원리와 인간의 내면을 완벽히 이해해 보고 싶다는 생각 자체가 일종의 오만일 수 있다. 완벽하게 이해하는 것, 그것은 신의 영역이다. 우리가 인류 최초의 물음, '절대자에 대한 물음'에서 배울 수 있는 사실은 하나다. 인간은 어떤 한계 내에서만 무한하다는 점이다. 인간은 자연에 절대 대항할 수 없다. 유한한 수명을 갖고 있으며, 인지 능력의 발달 또한 유한하다.

우리는 유한한 존재이기에 자꾸 질문을 한다. 이해가 되지 않기 때문에 '왜 그럴까?'를 던지는 것이다. 세상을 완벽하게 이해하기 위해 끊임없이 질문하는 행위는 신학적으로 '신에게 도전하는 행위'다. 당연히 이런 자세 또한 필요하다. 인간은 신의 권능에 반하여 꾸준히 도전해

왔기에 문명의 괄목할 만한 발전과 진보를 얻어낼 수 있었다. 인류는 약 400만 년 전 사족 보행에서 이족 보행으로, 4000년 전의 중앙아시아 초원 어딘가에서 말을 타고 다녔으며, 비슷한 시기의 고대 이집트 문명에서는 마차를 개발했다. 18세기에는 증기 자동차, 19세기에는 내연 기관 자동차가 등장했으며 지금은 전기차를 타고 다닌다.

이런 편리함과 발전을 얻어낼 수 있었던 이유는 신에게 끊임없이 도전했기 때문이다. 요즘 AI의 개발 속도와 진척을 보면 이러다가 인간이 진짜 신을 만드는 것은 아닌지, 스스로 신 그 자체가 되는 것은 아닌지라는 생각까지 든다.

하지만 우리는 절대 신이 될 수 없으며, 어떤 도전적인 목적도 '신이 되는 것'이어서는 안 된다고 생각한다. 어떤 유명 과학자의 말처럼 인간은 신에게 도전하며 발전했지만, 스스로 신이 됨으로써 멸망할 것이다. 무엇보다 우리는 모든 것을 이해할 필요 자체가 없다. 세계에 갈등이 생기고, 서로 반목하며, 타인을 이해할 수 없다며 고개를 휘젓게 되는 이유는 우리가 이해력이 부족해서, 즉 신이 되지 못해서가 아니다. 우리가 이해 능력이 떨어져서 연애와 사랑에 서투른 것인가? 그렇지 않다. 그저 서로 있는 그대로 사랑하지 않기 때문이다. 질문해 보자. 우리 모두가 서로를 사랑할 수 있는 능력이 있었다면, 이런 책이 애초에 필요없다. 인간이 서로를 그냥 있는 그대로 사랑할 수 있었다면 인간에 대해 공부하거나 서로 이해하려고 노력할 이유도 없다.

모든 걸 이해하는 것은 신의 능력이다. 반면에 인간이 행할 수 있는 최상위의 가치이자 능력은 '사랑하는 능력'이다. 사랑하고 싶은 우리 모두는 알아야 한다. 배움의 목적은 그저 인간을 이해하기 위함이나, 신의 권능을 갖기 위함이 아니라, '서로 사랑하기 위함'이어야 한다는 것을.

나는 이 책을 통해 독자들이 '나'와 '너'를 스스로 있는 그대로 사랑할 수 있고, 우리를 있는 그대로 사랑할 수 있었으면 좋겠다. 더 나아가 인간이라는 존재를 동정 어린 눈으로 사랑할 수 있게 되면 좋겠다. 우리가 본질적인 지식을 깊게 받아들여 사람을 있는 그대로 바라보고, 결과적으로 서로를 더 사랑할 수 있다면 추가적인 방법론이나 기술들은 그저 사사로울 것이다.

결과적으로 한 명이라도 더 서로가 서로를 사랑하도록 인도하는 자세가 교육자로서의 사명이라고 생각하며 그것이 위대한 지성의 부활이자 사랑이라는 르네상스의 시작이다.

"모든 걸 이해하는 것은
신의 능력이다. 반면에 인간이
행할 수 있는 최상위의 가치이자
능력은 '사랑하는 능력'이다.

사랑하고 싶은 우리 모두는
알아야 한다. 배움의 목적은
그저 인간을 이해하기 위함이나,
신의 권능을 갖기 위함이 아니라,
서로 사랑하기 위함이어야
한다는 것을."

[참고하면 좋을 다니엘의 영상 콘텐츠]

연애 콘텐츠를 많이 볼수록 연애가
힘들어질 수밖에 없는 이유

사랑을 말할 때 우리가 놓치는 것들
온전한 사랑의 이해

1판 1쇄 발행 2025년 6월 16일
1판 2쇄 발행 2025년 8월 16일

지은이 다니엘

펴낸이 양희재

디자인 신채호 **제작** 부자의서재
ISBN 979-11-94507-19-2(03810)

펴낸곳 사운드인사이트(Sound Insight)
출판등록 세 393-2022-000024 호(2022년 7월 11일)
주소 경기도 안산시 단원구 고잔2길 45, 7층 701-86호
이메일 therichlib123@gmail.com

* 이 책은 저작권법에 따라 보호받는 저작물이므로 무단 전재 및 복제를 금지합니다.
* 이 책의 전부 및 일부를 이용하려면 이메일로 출판사의 허락을 구해야 합니다.
* 책값은 뒤표지에 있습니다.